저는 평범한 지역교회 담임목사이며 청소년 상담을 전문으로 하는 상담가입니다. 저는 한때 '이단 상담'이나 '이단 피해'라는 주제가 저와는 거리가 멀다고 생각했습니다. 왜냐하면 주변의 많은 성도가 신앙생활을 꾸준히 해오고 있고, 특별히 이상한 교회에 다니는 것도 아닌데, 왜 그런 내용을 굳이 공부해야 하는가 하는 마음이 있었기 때문입니다. 그런데 손승우 소장님과 개인적으로 교제하고 그 사역 현장을 경험하게 되면서 제가 매우 편협한 시각을 가지고 있었다는 것을 절실히 깨달았습니다.

이 책을 처음 펼쳤을 때, 저의 오래된 신앙생활이 한 겹씩 해체되며 재정립되는 느낌을 받았습니다. 그리고 곧 확신하게 되었습니다. 이 책은 단순히 '이단에 빠진 사람들'만을 위한 책이 아니라 바로 지금 건강하다고 여기는 교회 안에서도 조용히 퍼지는 왜곡된 신앙과 그 피해를 돌아보게 하는 '거울'과도 같은 책이라는 사실을 말입니다.

책 머리말에서 고백하듯 손 소장님은 본인의 아픈 신앙 여정을 솔직히 드러내며 독자에게 다가옵니다. 특히 이 책이 주는 가장 큰 감동은 단순한 비판에 그치지 않고 왜 그러한 문제들이 발생하는지, 그리고 어떻게 복음 중심으로 회복될 수 있는지를 하나님의 말씀 안에서 진단하고 안내한다는 점입니다. 이단 문제는 단순히 기괴한 교리를 믿는 데서 끝나지 않습니다. 그것은 삶의 모든 영역을 왜곡시키고, 공동체와 인간관계를 파괴하며, 나아가 자기결정권마저 상실하게 만드는 치명적 질병입니다. 그런데 안타깝게도 그 뿌리는 전혀 멀리 있는 것이 아닙니다. 바로 지금 우리가 속한 교회 안에서 '열정', '체험', '훈련', '영적 권위'라는 이름으로 둔갑해 교묘하게 자리 잡은 경우가 너무도 많습니다.

이 책이 무엇보다 돋보이는 이유는 문제 제기에서 멈추지 않고 '복음으로의 회복'이라는 분명한 대안을 제시한다는 점입니다. 이 책은 단순히 틀린 것을 지적하고 끝내지 않습니다. 더 나아가 성경의 본질, '은혜로 구원받고 믿음으로 살아가는 삶', 그리고 그 구원의 확신이 감정이나 열심이 아니라 하나님의 약속에 뿌리를 두고 있다는 성경적 진리를 분명히 선포합니다.

책을 덮고 나면 독자들은 자연스럽게 "나는 복음 위에 서 있는가?", "내 신앙은 누구를 위한 것인가?", "내가 따르는 권위는 말씀인가, 사람인가?"라는 근본적 질문을 던지게 될 것입니다.

손승우 소장님의 이 책은 이단 상담 전문가로서의 통찰뿐만 아니라 신앙의 본질을 붙들고자 애쓰는 모든 그리스도인에게 주는 복음적 경고이자 소망의 메시지입니다. 조용히 그러나 깊이 우리의 신앙을 흔들며 다시 복음의 기초 위에 세우는 이 책이 이 시대 모든 교회와 성도에게 널리 읽히기를 간절히 소망하며 적극 추천합니다.

_ 김남훈(주섬기는교회 담임목사/예담청소년센터 센터장/광명보호관찰소협의회 회장)

데이비드 차 사건을 아실 겁니다. 자신은 서울대를 졸업했고, 예수님이 책을 쓰라고 하시며 목차도 잡아주셨다고 했습니다. 늘 직통 계시가 임했고, 북한 선교를 말하면서 상당한 후원금을 모았습니다. 그러나 내연녀가 있었고, 설교는 늘 내연녀가 작성해주었다고 합니다. 선교회 재정 16억 원을 주식투자에 사용했습니다. 그런데 더 큰 문제는 이런 데이비드 차를 상당수가 옹호하고 추종한다는 점입니다. 지금도 여전히 그런 사람들이 있습니다. 신비하고 신적 계시를 가진 것처럼 말하고 행동하면 이성이 마비되고, 종교적 가스라이팅을 당하는 사람들이 많습니다.

지금도 제2, 제3의 데이비드 차를 꿈꾸며 예언과 대언을 하고, 예수님이 자신에게 말씀하신다며 설교하고, 집회하고, 사람들을 선동하는 거짓 선지자들이 많습니다. 스스로는 사도라고 하지만, 성도들의 재물을 탐하고 성적 타락으로 빠지는 경우가 많습니다.

다음 세대 목회자 중에도 양을 선하게 인도하는 것이 아니라 양을 유린하고 방황케 하는 목회자가 있습니다. 이런 교회 상황에서 손승우 소장님이 신사도 교회와 그 리더십의 실체를 알려주는 책을 출간해주셔서 얼마나 감사한지 모릅니다.

실제로 신사도 교회에서 종교 생활을 하고, 그 실체가 무엇인지 알고 나온 손승우 소장님이 쓰신 이 책의 내용은 우리 모두가 알고 경계해야 합니다. 사실 신사도에 빠진 수많은 영혼이 피눈물을 흘리고, 우울과 공황을 겪고 있습니다. 제 주변에도 자녀들이 음모론, 직통 계시, 신비적 체험에 빠져 가정을 버리고 종교 중독에 빠진 경우가 많습니다. 그래서 저도 SNS를 통해 이단, 삼단, 사이비의 위험성과 피해의 심각성을 나누고 있습니다.

더 이상 피해자가 생기게 해서는 안 됩니다. 이 문제를 누구보다 잘 알고 영적 전쟁의 최전선에서 싸우고 있는 손승우 소장님을 위해 기도해주시고, 손잡고 함께해주시기를 바랍니다.

_ 김영한(품는교회 담임목사/Next세대Ministry 대표)

복음은 '좋은 소식' 또는 '기쁜 소식'입니다. 그러나 복음에 대한 비성서적이고 세속적인 이해로 인해 그 복음이 더 이상 복음일 수 없게 되었습니다. 바울은 갈라디아 교회에 쓴 편지에서 분명히 선언했습니다. "다른 복음은 없다!"고 말입니다. 심지어 다른 복음을 전하면 저주를 받을 것이라고도 했습니다. 그런데도 여전히 너무나 많은 다른 복음이 교회에 침투하고 있습니다. 두려운 것은 정통 교회 안에서도 이러한 이단적 사상이 묵인되거나 용인되고 있다는 점입니다.

이런 점에서 이 책의 출간은 한국교회에 내린 단비와도 같습니다. 읽는 내내 고개를 끄덕였습니다. 그리고 저의 목회 현장을 점검했습니다. 무엇보다 이 책을 빨리 성도들과 나누고 싶다는 책임감과 설렘에 사로잡혔습니다.

저자는 이단 피해자로서의 구체적이고 생생한 경험담과 함께 이단 상담가로서의 건전하고 성서적인 복음의 진리를 책에 담아냈습니다. 그러나 날선 비판으로 하지 않았습니다. 오히려 사랑의 언어로 간청하듯 호소했습니다.

이 책은 지금 우리가 반드시 읽어야 할 책입니다. 목회자든 평신도든 복음을 바로 알고자 하는 모든 이에게 일독을 권합니다. 흔들리는 이 시대의 교회를 위해 꼭 필요한 책입니다. 부디 이 책을 읽는 모든 분에게 복음이 진정으로 복음이 되길 소망합니다. 두려움이 아닌 확신을, 불안한 행위가 아닌 기쁨의 순종을 누리시길 소망합니다.

그렇게 우리 모두 다시 복음으로 살아갔으면 좋겠습니다.

주여, 우리를 긍휼히 여기소서!

_ 민찬양(한일성서교회 담임목사/리스텝미니스트리 공동대표)

갈라디아서를 보면, 다른 복음은 없으며 다른 복음을 전하는 자는 저주를 받을 것이라고 말씀합니다. 이는 복음이 본질적으로 정확성과 통일성을 요구한다는 사실을 분명히 보여줍니다.

이 책은 저자의 종교적 경험과 신앙의 여정을 바탕으로 잘못된 신앙의 오류를 성찰하고 참된 복음으로 돌아가는 길을 진지하게 제시합니다. 특히 종교개혁의 5대 원리를 바탕으로 바른 복음의 핵심을 차분하게 풀어냅니다.

첫째, Sola Scriptura(오직 성경)는 "성경은 신앙과 삶의 최종 권위이다"라는 신학적 확신을 담고 있습니다. 둘째, Sola Fide(오직 믿음)는 행위가 아닌 예수 그리스도를 믿음으로써 구원받는다는 복음의 본질을 강조합니다. 셋째, Sola Gratia(오직 은혜)는 구원이 인간의 공로나 자격이 아니라 전적으로 하나님의 선물임을 밝힙니다. 넷째, Solus Christus(오직 그리스도)는 예수 그리스도만이 유일한 중보자이며, 유일한 구원의 길임을 선포합니다. 다섯째, Soli Deo Gloria(오직 하나님께 영광)는 구원의 전 과정과 그 열매가 오직 하나님께 영광이 되기 위한 것임을 선명히 드러냅니다.

'다른 복음' 속에서 씨름해온 저자의 진솔한 흔적이 담겨 있는 이 책이 독자들을 바른 복음으로, 그리고 다시 복음으로 이끄는 귀한 안내서가 될 것으로 믿습니다. 기쁨과 확신을 담아 이 책을 추천합니다.

_ 박성은(더워드교회 담임목사/총신대학교 일반대학원 조직신학 박사/『구원의 확신』 저자)

'진리'가 존재하는 한 '이단'도 늘 존재합니다. 이단은 결코 진리의 부재에서 출현하지 않습니다. 오히려 진리가 선포되고 빛을 발할 때, 그 주변에는 반드시 비(非)진리와 거짓된 그림자가 함께 따라오게 마련입니다. 그러므로 진리는 언제나 비진리와 조우하며, 그 거짓됨을 드러내고 분별하며 싸워야 하는 사명과 소명이 있습니다. 『다시, 복음으로 살아갑니다』는 바로 그 진리의 투쟁 한복판에서 신실하게 사명을 감당하는 책입니다.

이 책은 단순히 어떤 특정한 운동이나 현상을 비판하는 데 머물지 않습니다. 저자는 직접 체험한 왜곡된 신앙의 현실을 솔직히 풀어내고, 그것이 복음에서 얼마나 벗어난 길이었는지를 진지하게 되짚습니다. 그 깨달음은 고백으로만 끝나지 않고 깊이 있는 신학적 분별과 성경적 통찰로 이어져 독자들에게 바른길이 무엇인지, 어떻게 다시 복음으로 돌아갈 수 있는지를 명확히 보여줍니다.

복음은 인간의 주관적 감정, 신비로운 체험, 그리고 일시적인 영적 흥분에 근거하지 않습니다. 복음은 오직 하나님의 객관적인 말씀에 기초하며, 그 말씀 안에서만 진정한 자유와 회복, 성숙이 이루어집니다. 그러므로 참된 복음은 바른 감정, 바른 체험, 바른 경험을 낳게 하는 유일한 원천입니다. 이 책은 바로 그 지점을 날카롭고도 정확하게 짚어내며, 체험 중심 신앙의 허상을 깨뜨리고 말씀 중심의 신앙을 회복할 수 있게 이끌어줍니다.

오늘날 한국교회는 영적 열정과 부흥이라는 이름 아래 너무도 쉽게 이단과 혼합주의에 문을 열어줍니다. 많은 사람이 성경보다 인간의 권위와 체험을 더 신뢰하고, 복음보다 현상을 좇고 있으며, 그로 인해 교회는 점점 왜곡되고 성도들은 길을 잃고 있습니다. 그런 현실 속에서 이 책은 단순한 경고를 넘어 진리로의 회복을 촉구하는 강력한 호소이자 신학적 처방전이라 할 수 있습니다.

이 책은 오늘날 교회가 직면한 위기를 직시하게 하고, 다시 바른 복음의 기초 위에 믿음을 세우도록 이끌어줍니다. 이단과 사이비에 미혹된 한국교회에 따끔한 경종을 울리는 이 책을 지금 우리가 읽어야 하는 이유입니다.

_ 박재은(총신대학교 신학과 조직신학 교수 및 교목실장/섬김리더교육원장)

처음 손승우 소장의 원고를 받고 시간을 내어 꼼꼼히 읽어보았습니다. 잘못된 부분이 있는지 점검해달라는 요청을 받았지만, 원고를 읽어나가면서 오히려 제 마음 깊은 곳에서 시원함과 공감이 밀려왔습니다.

저는 40여 년간 합신 교단의 이단 연구가로 사역하며 신사도운동을 집중적으로 연구해왔고, 제가 작성한 공식 보고서를 통해 교단 차원에서 신사도운동이 이단적 사상을 가진 집단임을 명확히 규정한 바 있습니다. 그만큼 심각성과 위험성을 누구보다 절감하고 있었기에 그와 관련된 신자들에게 전하고 싶은 말이 제 마음속에 남아 있었습니다. 이 책은 그런 제 마음을 대변하는 듯했습니다. 신사도운동의 영향 아래 있었던 교회에서 직접 체험한 왜곡된 신앙 문제들을 신중하고 진술하게 정리한 손 소장의 글은 단순한 기록을 넘어 신학적 분별과 복음적 시선이 살아 있는 고백이었습니다. 그것은 단지 개인의 회고가 아니라 동일한 아픔을 겪고 있는 이 시대의 수많은 성도를 위한 울림이었습니다.

지금도 이단성이 있는 교회에서 잘못된 가르침을 받으며 신앙생활을 하는 이들에게는 이 책이 바른 복음을 다시 붙잡게 하는 결정적 기회가 될 것입니다. 또한 진리를 분별하며 교회를 바로 세우기를 원하는 목회자들에게도 이 책을 꼭 권하고 싶습니다. 실제 경험과 성경적 반성이 결합된 이 귀한 고백과 통찰이 널리 읽히고 나누어지기를 소망합니다.

_ 박형택 (한국기독교이단상담연구소 소장/前 예장 합신 이단사이비대책위원장)

너무나 위험하고 손해도 커서 모두 피하는 일이 있습니다. 모두를 살리는 일이라면 누군가는 해야 하지만, 너무 좁은 길이어서 감히 나서지 못합니다. 많은 비난과 공격까지 감수해야 하는 일이라면 더더욱 그렇습니다. 그런데 바로 그런 일에 선뜻 나선 분이 바로 손승우 소장입니다.

이단을 알리고 바른 복음으로 살도록 안내하는 일이 정말 힘든 이유는 그저 이단을 연구하는 것만으로는 부족하기 때문입니다. 이단에 대한 깊은 경험과 체험이 있을 때 더 실질적인 호소가 가능하고, 또한 바른 복음으로 다시 잘 살아갈 때 그 주장에 설득력이 생기는 것은 당연합니다. 다행히도 이 조건에 모두 부합하는 손승우 소장이 나서주어 참으로 감사합니다. 아니, 안심이 됩니다.

저는 상담가이고 가정 사역자입니다. 전체 상담 인원의 50%가 성도와 교회 지도자들입니다. 그래서 이단에 빠지는 것만큼이나 심각한 문제가 교회 안에 있다는 것을 뼈저리게 느끼고 있습니다. 사실 정통 교회 안에도 왜곡되고 건강하지 않은 신앙 요소가 너무 많습니다. 이 책이 고마운 점은 이단에 빠진 이들을 구하고 도와주는 내용이기 때문입니다. 그리고 이 책이 정말 좋은 점은 이단에 빠지지 않은 정통 교회 성도들과 지도자에게도 유익하기 때문입니다.

이 책은 그리스도인을 바른 복음으로 살아가게 안내합니다. 교회 지도자와 성도들이 꼭 읽어야 할 책이라고 감히 말씀드립니다. 부디 이 책이 이단에 빠지지 않게 하거나 그저 이단에서 돌이키게 하는 용도로만 읽히지 않기를 바랍니다.

_ 서상복(해피가정사역연구소 소장/전문가정사역자/『결혼 플랫폼』,『부부 플랫폼』 저자)

늦은 밤, 모르는 번호로 전화가 왔습니다. 생면부지의 권사님이 다짜고짜 울부짖었습니다. 그간의 이야기를 들려주었습니다. 권사님에게는 뇌전증을 앓는 딸이 하나 있습니다. 30대인데도 계속 발작을 합니다. 취업해도 발작으로 인해 거품을 물고 쓰러지기를 반복했고, 수치심을 견디지 못해 퇴사하곤 했습니다. 권사님은 수십 년 동안 한 교회를 섬겨왔는데, 그 교회에서 권사님의 딸이 뇌전증을 앓는다는 사실을 아는 사람은 아무도 없습니다. 권사님이 숨겼기 때문입니다. 두려웠다고 합니다. 딸의 뇌전증을 밝히면 위로는커녕 정죄받을 것을 알았기 때문입니다. 엄마의 죄 때문이라고, 엄마가 회개하지 못한 죄가 있어서라고, 가계의 저주를 끊어야 한다는 사람들의 정죄가 눈에 선했습니다. 그래서 차마 말하지 못하고 가슴에 묻어둔 채 살았습니다.

권사님의 이야기는 제 이야기이기도 합니다. 가뜩이나 감당할 수 없는 고난에 파묻힌 인생이었는데, 사람들의 정죄가 끊이지 않았습니다. 잘못은 부모님이 했는데 저의 죄 때문이라고 했습니다. 새벽에 기도하고, 정오에 기도하고, 자기 전에 기도하고, 금요일에 삼각산에서 밤샘 철야기도를 하는데, 제가 기도하지 않아서 고난이 계속되는 거라고 했습니다. 손 모아 기도해주는 사람보다 손가락질하는 사람이 더 많았습니다. 고난도 무거운데, 정죄가 더 무거웠습니다. 정죄에 깔린 채 숨을 못 쉬는 세월을 지냈습니다.

권사님과 저의 이야기는 우리 모두의 이야기이기도 합니다. 건강한 교단의 교회를 다니지만, 잘못된 교리로 인해 상처가 재생산되고 있습니다. 정통 교회인데 이단적 가르침이 횡행합니다. 성경보다는 영적 지도자의 말에 더 권위를 둡니다. 고난은 하나님의 섭리가 아니라 저주라고 합니다. 고난을 통해 우리를 빚으시는 하나님의 손길을 거부합니다. 얼른 빠져나와야만 한다며 성경에도 없는 가르침을 쏟아냅니다. 그로 인해 삶이 송두리째 파탄이 난 사람들이 부지기수입니다. 저자는 그런 고통의 세월을 지나왔고, 그런 저자를 바로 세운 것은 바른 복음이었습니다. 그렇게 성경이 말하는 순수한 복음을 깨닫고 그는 진리로 자유함을 얻었습니다. 저자와 같은 아픔이 있다면, 내가 믿는 복음에 확신이 없어 방황한다면, 바른 복음이 무엇인지 알고 싶다면 『다시, 복음으로 살아갑니다』 일독을 권합니다.

_ 서진교(작은예수선교회 대표/『작은 자의 하나님』 저자)

저자는 자신이 직접 이단 단체에서 경험한 일을 바탕으로 진솔하면서도 처절한 마음으로 이 책을 썼습니다. 그런 점에서 이 책에 나오는 대화나 단어들은 상당히 '실제적'입니다. 독자들은 이 책을 읽으면서 마치 이단 단체에 속한 사람들의 삶과 신앙을 직접 옆에서 보고 경험하는 듯한 느낌을 받게 될 것입니다.

필자는 이단 단체의 신앙적 모순이 무엇인지, 그리고 그러한 모순을 가진 공동체에 쉽게 빠져드는 이유가 무엇인지를 설명하고 이에 대한 대안을 '복음'에서 찾습니다. 이전까지 자신이 추구했던 그릇된 복음과 맹목적 신앙을 버리고 이제는 진짜 복음을 마음에 품은 것입니다.

하나님의 말씀은 어떤 검보다도 예리하여 우리의 몸과 영혼을 쪼개고 우리의 생각과 마음을 판단해 우리를 쓰리게 하지만, 그 진리는 우리를 자유롭게 하는 힘이 있습니다. 저자는 자신이 이단 단체에서 신앙생활을 할 때는 많은 시간과 노력을 쏟아부었음에도 불안함과 죄책감으로 괴로웠지만, 참된 복음을 깨닫고 나서는 그리스도 안에서 자유와 해방을 누렸음을 고백하고 있습니다. 특히 이단 단체의 신앙적 모순을 반박하는 내용에 성경 구절을 인용함으로써 독자들이 저자의 말이 아니라 하나님의 말씀을 듣도록 안내하는 점이 눈에 띕니다.

저자의 간절한 바람대로 이 책을 읽는 독자들이 이단의 위험성을 절실하게 깨닫고 오직 말씀으로, 오직 복음으로 돌아와 하나님께 영광을 돌리고, 주 안에서 함께 기뻐하며 자유케 되는 아름다운 신앙 누리기를 소망합니다. 그런 의미에서 최대한 많은 사람이 이 소중한 책을 함께 읽기를 바랍니다.

_ 신국현(서울부림교회 담임목사/합동신학대학원대학교 조직신학 박사/『유신진화론과의 대화』 저자)

이단과 사이비를 연구하고 그들과 싸운다는 것은 육체적으로나 정서적으로나, 무엇보다 영적으로 매우 고된 일입니다. 이 길은 단순한 지식의 문제가 아니라 때로는 깊은 상처와 고통, 오해와 외로움을 동반하는 길입니다. 지금은 점점 더 많은 이단과 사이비가 등장하고, 이단성 있는 사역자들이 곳곳에서 영향력을 행사하는 시대입니다. 영적으로 혼탁해지는 이 시대에 이단성과 거짓된 가르침에 경종을 울리는 사역을 감당한다는 것은 말 그대로 험하고 좁은 길입니다.

그 좁은 길을, 단지 외부의 관찰자로서가 아니라 자신과 가족이 실제로 겪은 경험 위에서 걷고 있다는 것은 결코 가벼운 일이 아닙니다. 손승우 소장님은 쉽지 않은 그 길을 묵묵히 걸으며, 자신이 겪은 아픔을 복음의 빛으로 환히 밝히고, 같은 고통 속에 있는 이들을 향해 손을 내밀고 있습니다. 그 헌신과 용기에 진심 어린 응원과 격려를 보냅니다.

이 책은 최근 한국교회를 병들게 하고 있는 신사도 계열의 문제를 신학적으로 복잡하게 풀기보다는 체험적 현실과 복음적 시선으로 누구나 공감할 수 있도록 쉽게 풀어냅니다. 단순한 이단 비판서가 아니라 왜 그것이 복음과 어긋나는지를 이해하도록 돕는 탁월한 안내서입니다. 책을 읽다 보면 어느새 이단의 위험성을 분별하게 되고, 복음 위에 신앙을 다시 세우게 되므로 그야말로 '이단 예방을 위한 백신' 같은 책이라 할 수 있습니다. 이 시대에 꼭 필요한 메시지를 담은 이 귀한 책을, 기쁨과 확신을 담아 추천합니다.

_이상갑 (산본교회 담임목사/청년사역연구소 대표/학원복음화협의회 공동대표)

이 책을 읽고 한국교회의 현실에 큰 충격을 받았습니다. 무엇보다 그동안 일부 교회에서 당연시한 신앙적 문화들이 사실은 복음과 전혀 무관한 왜곡된 가르침이었다는 사실을 다시금 알게 되었습니다. 특히 '영적 훈련'이라는 이름으로 반복되던 비성경적 요구나 '하나님의 음성'이라는 주장 아래 무비판적으로 받아들인 내용들이 얼마나 많은 사람에게 신앙의 혼란과 삶의 상처를 남겼는지를 알게 되었습니다.

이처럼 민감하고도 중요한 주제를 용기 있게 밝히고자 한 손승우 소장의 결단에 깊이 감사드립니다. 자신의 아픈 경험을 바탕으로 치열하게 고민하고, 그것을 개인의 상처로만 남기지 않고 교회를 향한 경고와 회복의 메시지로 승화시킨 그의 태도에서 진정한 소명을 느낄 수 있었습니다. 무엇보다도 이 책은 단순한 고발이나 비판에 머무르지 않고 복음의 본질로 돌아가야 한다는 성경적 대안을 함께 제시한다는 점에서 더욱 귀합니다.

신사도운동과 같은 비성경적 흐름에 휩쓸린 줄도 모른 채 살아가는 수많은 그리스도인에게 이 책은 단호하면서도 따뜻한 복음의 이정표가 되어 줄 것입니다. 왜곡된 가르침 속에서 신앙을 잃어버린 이들이 다시 하나님의 말씀 위에 바로 서고, 교회가 복음 중심의 본래 자리를 회복하는 데 이 책이 결정적인 계기가 되기를 진심으로 소망합니다.

이 책은 복음을 제대로 알기 위한 모든 그리스도인의 필독서라고 생각합니다. 강력히 추천합니다.

_이지성 (작가/『리딩으로 리드하라』, 『꿈꾸는 다락방』, 『에이트』, 『미래의 부』, 『1만 킬로미터』 저자)

저는 이 책이 오늘날 교회를 사랑하는 모든 그리스도인이 반드시 읽어야 할 귀한 책이라고 생각합니다. 누군가는 반드시 써야 했고, 이제는 누군가가 반드시 읽어야 할 때가 되었습니다. 그래서 이 책을 진심으로 추천합니다.

저자는 자신의 경험을 바탕으로 교회 안에서 너무 익숙하게 반복되는 '성령 체험'의 강요, '절대 순종'이라는 이름의 통제, '자기 부인'이라는 미명 아래 사라진 자유와 자율성의 문제를 담담하면서도 용기 있게 풀어냅니다. 신앙이라는 이름으로 포장된 훈련과 가르침이 어떻게 사람의 마음을 짓누르고, 관계를 무너뜨리며, 결국 복음과 점점 멀어지게 했는지를 매우 구체적이고 생생하게 보여줍니다.

하지만 이 책은 단순히 교회 문제를 지적하거나 누군가를 고발하는 데 그치지 않습니다. 오히려 지금 우리가 어디에서 길을 잃었는지 돌아보게 하고, 다시 복음의 본질로 돌아가야 한다는 분명한 방향을 제시합니다. '은혜로 구원을 받고, 믿음으로 살아간다'는 단순하지만 결코 가볍지 않은 복음의 진리, 그리고 성경 말씀 위에 선 건강한 분별력, 사랑과 자유가 살아 있는 공동체의 회복이 진정한 해답임을 다시 일깨워줍니다.

이 책을 읽는 내내 마음 한구석에서 회개의 울림이 일고, 책장을 덮을 즈음에는 다시 복음 위에 삶을 세우고 싶어지는 은혜가 찾아올 것입니다. 지금 교회 안팎의 혼란 속에서 무엇이 참된 길인지 고민 중인 분들에게 이 책이 다시 시작할 수 있는 용기와 방향을 찾게 하리라 믿습니다.

_ 정민교(횐여울교회 담임목사/AL Ministry 대표/『빛 가운데로 걸어가면』 저자)

"어떤 길은 사람이 보기에 바르나 필경은 사망의 길이니라"(잠언 16:25)

이 말씀처럼 요즘 세상에는 복음 모양을 한 가짜 복음이 횡행하고 있습니다. 가짜 복음을 참복음이라고 속여 사망의 길로 미혹하는 것이 바로 '이단'입니다. 또한 정통 교회 안에도 참복음을 깨닫지 못하고 '엉뚱한 복음'에 속아 방황하는 사람들이 많습니다. 성도에게 가장 큰 복은 참복음 안에서 기쁨을 누리며 신앙생활을 하는 것이라 믿습니다. 더욱이 주님의 복음을 전하는 목회자라면 두말할 필요가 없을 것입니다. 그럼에도 한국 목회자들 가운데 참복음을 알지 못한 채 '자기 복음'을 선포하며 주님의 귀한 영혼들을 망치는 경우가 많은 것은 참으로 안타까운 일입니다.

이 책은 참복음과 비복음을 명쾌하게 밝히고 있습니다. 저자의 '복음'에 대한 깊은 이해가 감동으로 와닿습니다. 더불어 저자가 직접 경험한 내용을 간증 형태로 구성해 누구나 쉽게 이해하고 공감할 수 있을 것입니다. 저 또한 이 책의 내용에 심취해 단번에 읽어 내려갔습니다. 누구라도 이 책을 통해 복음을 보는 눈이 열릴 것으로 기대합니다. 특히 복음이 없는 목회, 비복음을 전하는 설교자들에게는 큰 깨달음과 변화를 가져다줄 것입니다.

사역하는 목회자와 신학을 공부 중인 신학생들에게, 그리고 한국교회 성도들 특히 이단에서 회심한 성도들에게 이 책을 필독서로 추천합니다.

_ 진용식(한국 기독교 이단상담소협회장/상록교회 담임목사/前 예장 합동 이단대책위원장)

손승우 소장님은 사실 어떤 책도 집필하려고 하지 않았습니다. 자신이 책 한 권 더 쓴다고 해서 한국교회에 무슨 유익이 있을까 생각하던 손 소장님을 주위 여러 어른이 오랜 시간 설득해왔습니다. 왜 그토록 많은 분이 책 출간을 강력히 권면해왔는지를 독자들도 곧 알게 될 것입니다.

이 책을 먼저 읽어본 저는 일단 가슴이 먹먹해졌습니다. 그러고는 독자들이 신사도의 위험성이 무엇인지 분명히 알 수 있으리라는 확신이 들었습니다. 우리 가정과 교회 가운데도 아주 은밀하고 치밀하게 파고들 수 있다는 데 아마 적잖이 충격을 받을 것입니다.

저자는 한국교회가 이미 다 알고 있을 법한 주제인 '복음'을 왜 그토록 반복적으로 언급하고 있을까요? 지금까지 '신사도 사상'과 관련해 이처럼 실제적인 피해 사례와 교리적 내용을 반증하듯 풀어주는 이단 전문 서적은 찾아볼 수 없었습니다. 신사도의 이단성에 관한 한 이 책 한 권이면 충분하다고 확신합니다.

'신사도 사상'이 무엇인지 아직도 모르는 분들이 있을 것입니다. 주저하지 말고 이 책을 꼭 읽어보기를 바랍니다. 단순히 예방적 차원만이 아니라 실제 피해 사례를 보여주며, 교리 교육의 유익을 담고 있는 이 책은 한국 교회사에 아주 중요한 자료가 될 것입니다. 이번 기회에 교회적 차원에서나 신학교에서나 이단 관련 연구를 하는 분들도 꼭 읽어보기를 권합니다. 아울러 새 신자 교육이나 교회 학교 교육 때 지속적으로 읽고 공부할 만한 가치가 있는 이 책을 강력히 추천합니다.

_ 천한필(예다임교회 담임목사/바른길벗 이단상담연구소 전문위원/『이단 침투』 저자)

초대교회 시절 교회를 위협했던 영지주의 이단은 오늘날 '신사도운동'이라는 이름 아래 새로운 형태로 다시 등장했습니다. 성경과 교회의 정통 신앙에서 벗어난 다양한 신사도운동 분파들은 성경의 권위 위에 자신들의 주관적 계시와 체험을 올려놓고, 그에 대한 팩트 체크나 신학적 검증조차 허용하지 않는 폐쇄적 구조를 만들어가고 있습니다. 이들은 자의적인 영적 권위를 주장하며, 비성경적인 계시와 상징을 신비롭게 포장하고, 결국에는 성도들에게 배타적 충성과 맹종을 강요함으로써 교회 공동체를 분열시키고 건강한 신앙 질서를 파괴하고 있습니다.

저자는 이 책에서 자신이 직접 경험한 신사도운동의 왜곡된 신앙과 그 안에서 겪은 영적 혼란의 시간을 깊이 돌아봅니다. 단순한 고발이나 비판에 그치지 않고, 신학적 통찰과 성경적 변증을 통해 이단 분별의 기준은 인간의 체험이나 권위가 아니라 오직 성경과 복음이라는 본질에 있음을 분명히 보여줍니다. 특히 이단에 대한 바른 분별과 대응은 단순한 논리 싸움이나 정보 수집이 아니라 복음의 관점으로 접근할 때 비로소 가능한 일임을 강조합니다. 신앙은 우리의 열심이나 체험으로 세워지는 것이 아니라 은혜에 의하여 믿음으로 말미암아 주어지는 하나님의 선물이기 때문입니다.

이 책은 단지 한 개인의 신앙 여정을 담은 기록이 아니라 왜곡된 영성의 흐름 속에서 고통받는 수많은 성도가 바른 복음의 기준을 회복할 수 있게 하고, 교회를 지키는 목회자와 지도자들에게 실질적인 분별 기준을 제시하는 매우 유익한 안내서입니다.

신사도운동의 실체를 제대로 이해하고 그 폐해를 극복하기 위한 신학적·목회적 대응이 절실한 이 시대에, 이 책은 반드시 읽히고 나누어야 할 중요한 자원임을 확신하며 진심으로 추천합니다.

_ 탁지일(부산장신대학교 교회사 교수/「현대종교」 이사장 겸 편집장)

저자는 이 책에서 직접 경험한 다양한 이단 사상의 실체를 사실적이고도 신학적으로 깊이 있게 조명하며, 동시대 교회가 직면한 영적 혼란과 교리적 왜곡의 심각성을 예리하게 분석합니다. 특히 왜곡된 가르침이 실제 성도들의 삶과 공동체에 어떤 영향을 미치는지를 구체적으로 드러냄으로써 이단 문제를 우리 모두의 신앙과 직결된 문제로 인식하게 해줍니다.

이 책은 왜곡된 진리로 인해 신앙의 방향을 상실한 성도들이 정통 교의학과 성경적 복음의 기초 위에 다시 세워지고, 그리스도 중심의 제자도와 교회 공동체 안에서 온전히 회복되도록 돕는 귀한 자료입니다. 오늘날 교회 안에서는 체험과 현상 중심의 가르침이 성경의 권위를 넘어서는 일이 비일비재하며, 많은 성도가 무분별한 영적 메시지 속에서 혼란을 겪고 있습니다. 이 책은 그런 현실 속에서도 말씀으로 돌아가 바른 기준을 세우고, 건강한 신앙생활의 방향을 다시 붙들게 하는 이정표가 되어줄 것입니다.

무엇보다도 이 책에는 이단에 빠진 이들이 복음으로 회복되기를 바라는 따뜻한 시선과 목회적 애정이 담겨 있습니다. 저자는 자신의 실제 사역을 통해 진리를 향한 분별은 곧 사랑이며, 복음을 지키는 일은 결국 한 영혼을 지키는 일이라는 사실을 보여줍니다.

이단에 대한 신학적 분별과 목회적 대응이 그 어느 때보다 절실한 지금, 이 책은 모든 목회자와 교회 지도자들에게 깊이 있는 통찰과 실천적 지침을 제공하는 시의적절하고 유익한 자료입니다. 진리를 수호하고 복음 위에 굳건한 교회를 세우고자 하는 이들에게 이 책을 기쁜 마음으로 적극 추천합니다.

_ 한대우(수지 이룸교회 지역섬김 담당목사)

예수께서 말씀하셨듯이 말세지말로 가면서 우리 사회에 많은 이단과 적그리스도가 나타나고 있습니다. 또한 정통 교회에서도 잘못된 신학과 잘못된 성령 체험, 목회자의 우상화 등 신사도 계열 교회에서 나타나는 피해 사례가 많이 보고되고 있습니다. 이러한 시기에 손승우 소장은 자신의 잘못된 신앙 경험을 숨김없이 고백하며 우리 교계에 뿌리 깊게 자리 잡은 이단적 요소를 상세히 고발하고, 우리의 잠자는 영을 깨우고 있습니다.

이 책은 누구나 이해하기 쉬운 문체로 이단에 빠졌던 자신의 경험과 그 원인, 그리고 그 과정에서 성령의 은혜로 복음의 진리 안에 인도된 삶을 통해 우리의 신앙에 많은 유익을 줍니다. 누군가의 고통스러운 경험을 공유함으로써 우리는 그러한 고통에 빠지지 않는 신앙의 유익을 누립니다. 마지막 때에 주의 백성들이 이단의 미혹에서 벗어나 바른 복음으로 인도되어 신앙의 참된 자유와 기쁨을 누렸으면 하는 저자의 바람이 이 책에 가득합니다.

혼란의 시대, 적그리스도가 창궐하는 이 시대에 복음의 핵심 진리가 무엇인지 제대로 알지 못하고 방황하는 영혼들에게 이 책을 강력히 추천합니다. 아울러 저자의 바람대로 이 책을 통해 우리 조국 대한민국과 기독 신앙인들이 복음의 진리 위에 바로 서서 하나님이 주시는 충만한 은혜를 누리며 기쁨과 감사로 신앙생활 하시기를 간절히 기도합니다.

_ 홍종갑(법무법인 사명 대표변호사/바른복음생명교회 담임)

다시, 복음으로 살아갑니다

다시,
복음으로
살아갑니다

이단에 미혹되지
않는 복음

손승우 지음

미래사CROSS

처음 이 책을 쓰기로 마음먹게 된 것은 나 자신이 겪은 잘못
된 신앙생활이 결코 개인의 문제에 그치지 않는다는 사실을 깨
달았기 때문입니다. 교회 안에서 벌어지는 여러 갈등과 문제
상황을 살펴보면 '영적 체험'이라든가 '더 깊은 믿음'을 강조하
는 분위기가 사실은 많은 상처와 고통을 일으킵니다. 사람들은
순수한 마음으로 시작하지만, 교회가 잘못된 가르침이나 체험
중심의 문화를 지나치게 내세우면 결국 가정과 직장, 인간관
계, 더 나아가 자기결정권마저 흔들리는 지경에까지 이릅니다.

돌이켜 보면 많은 신자가 교회 안에서 더욱 뜨거운 열정과
특별한 체험을 갈망합니다. 그러나 그러한 체험이 엉뚱한 방향
으로 흘러갈 때 인간관계까지 심각하게 손상되는 상황에 놓입
니다. 예를 들어 특정 지도자를 '사도'라 부르며 절대적 권위를
인정하거나, 신자들의 삶 전반을 과도하게 통제하는 것을 '훈

련'으로 포장하는 경우가 그렇습니다. 요즘은 자신을 사도라고 직접 칭하는 사례는 드물지만, 실제로는 "하나님의 특별한 음성을 듣고 거기에 순종해야 한다"든지 "놀라운 영적 능력을 전수받았다"는 식의 비성경적 주장을 하는 이들도 있습니다. 그러한 비성경적 가르침을 하나님의 말씀과 뜻으로 알고 신앙생활을 하다 보면 가족관계가 무너지고, 직장과 일상이 흔들리며, 결국 자기결정권마저 빼앗기는 결과로 이어지곤 합니다. 이 책은 바로 그렇게 신앙이라는 이유로 개인의 자유와 건강한 삶을 억압하는 현장을 구체적으로 살펴보고, 본래의 자리를 벗어난 원인을 짚어보는 데 초점을 맞춥니다.

한편, 한국교회 주요 교단에서도 이른바 '신사도운동'으로 불리는 그룹이나 가르침에 대해 우려를 표해왔습니다. 각 교단은 이 흐름이 지나치게 체험과 '현상'에 치중하며, 바른 정통 성경 해석에서 벗어난다고 보아 오래전부터 이단성이 있다고 결론을 내렸습니다. 예를 들어 "자신을 사도로 칭한다", "특정 지도자의 직통 계시를 절대시한다", "신비 체험을 무리하게 강요한다" 등의 문제점이 보고되었습니다. 그 결과 개인이 실제 생활에서 고립되고, 교회 공동체 안에서도 왜곡된 권위에 종속되어, 결국 모두가 상처와 혼란을 겪는다는 지적이 이어졌습니다.

저는 한때 성경에 기초하지 않은 잘못된 신앙생활을 하며 하나님을 오해했던 적이 있습니다. 그 경험은 신앙을 흔드는 고통이었지만, 오히려 그것을 계기로 진리를 더욱 분별하고자 신학을 공부하게 되었고, 한국기독교이단상담소협회(http://www.jesus114.net)에서 이단상담사 전문교육과정을 수료했습니다.

그 과정에서 진용식 목사님을 비롯한 여러 이단 전문가 목사님들에게 깊이 있는 가르침을 받은 것이 제 인생에 큰 전환점이 되었습니다. 특히 진용식 목사님은 이단의 실체를 복음의 관점에서 명확히 드러내주시고, 수많은 상담·회복 사례를 통해 이단 상담이 단순한 지식이 아니라 한 영혼을 향한 복음의 실제적 사역임을 몸소 보여주셨습니다.

오늘날 한국교회뿐 아니라 전 세계적으로 이단의 피해가 날로 심각해지고 있습니다. 복음을 교묘히 변질시키고 예수 그리스도 외에 다른 구원자를 믿게 만드는 이단의 전략은 초대교회

때부터 지금까지 끊임없이 이어지고 있습니다. 그로 인해 가정이 파괴되고, 자녀가 가출하고, 공동체가 분열되는 일이 곳곳에서 벌어지고 있습니다.

이단에 빠진 가족과 이웃, 교인들을 회복시키는 일은 단순한 논박이 아니라 진리로 이끄는 영적 싸움이며, 그 사역의 중심에는 이단 사역자가 있습니다. 저는 지금 이단 상담의 현장에서 단 한 사람이라도 복음 안에 다시 설 수 있도록 돕는 이 사명이 얼마나 중요한지를 날마다 느끼고 있습니다.

이단 상담은 위험한 비성경적 사상을 경고할 뿐 아니라 더 나아가 상처 입은 영혼을 진리로 돌이키는 복음 사역입니다. 더욱 능력 있는 이단 상담 사역자들을 세워 이단의 미혹으로부터 교회와 성도들을 힘써 지켜야 합니다. 저는 앞으로도 진용식 목사님이 보여주신 믿음과 사명의 본을 따라 진리를 잘 분별하고, 이단에 미혹된 사람들이 복음 안에서 회복되도록 돕는 사역을 계속해나갈 것입니다.

이 책은 '어느 교회의 문제가 심각하다'고 폭로하거나 '이런 잘못된 가르침이 있다'고 비판하는 데서 그치지 않습니다. 이 책을 통해 우리는 "왜 이런 문제가 생기는가?", "우리가 본래 누려야 할 자유함과 기쁨은 어디서 비롯되는가?", "건강한 교회 공동체는 어떠해야 하는가?"와 같은 근본적 물음에 대해 함께 고민할 것입니다. 교회는 원래 서로 돕고 세상 속에서 어려운 이웃을 돌보는 공동체여야 합니다. 그런 교회가 스스로 지나치게 폐쇄적인 집단이 되거나 비상식적 지시나 요구를 '순종'으로 착각하고 정당화한다면, 사람들은 당연히 누려야 할 건강하고 풍성한 삶을 빼앗길 수밖에 없습니다.

이 책은 크게 네 파트로 구성되어 있습니다. 전체 흐름을 간단히 살펴보면 다음과 같습니다.

PART 1에서는 "믿음인 줄 알았지만, 믿음이 아니었습니다"라는 주제 아래, 실제로 교회 안에서 겪은 강압적 권위와 체험 일변도의 훈련에 관한 이야기들을 솔직히 담았습니다. 교회에서 고립된 삶을 강요받거나 리더에게 개인의 모든 일상을 보고해야 했던 사례 등을 다뤄 이것이 성경이 말하는 바른 신앙에서 얼마나 벗어난 것인지를 보여줍니다.

PART 2에서는 "내 신앙은 왜 그렇게 되어버렸을까"라는 질문을 좀 더 깊이 파고듭니다. 과도한 눈물이나 신비 체험을 '은혜'라 오해하고 특정한 행동이나 의식에 집착하게 된 원인은 무엇인지, 교회라는 이름으로 가족과 사회에서 멀어지게 만든 가르침은 어디에서 비롯되었는지 살펴봅니다. 이를 통해 감정과 체험만을 맹신하는 신앙이 얼마나 쉽게 흔들릴 수 있는지를 보여줄 것입니다.

PART 3은 "다른 복음은 복음이 아닙니다"라는 주제로 시작합니다. 여기에서는 표면적으로는 '복음'을 말하지만 사실상 개인의 성취나 번영, 자아실현을 더 앞세우는 가르침의 문제점을 꼬집습니다. 말씀을 벗어난 체험이나 스스로를 높이는 '기름 부음' 같은 비성경적 메시지, 성경을 내세우긴 하지만 실제 가르침은 전혀 성경적이지 않은 모습을 구체적으로 다룹니다. 이로써 신앙의 핵심은 내가 높아지고 잘되는 것이 아니라 오직 예수 그리스도의 십자가를 붙드는 데 있음을 깨닫게 될 것입니다.

PART 4 "은혜로 구원을 받고 믿음으로 살아갑니다"에서는 모든 문제의 해결책은 궁극적으로 복음의 본질에 있음을 살펴봅니다. 한 번 받은 구원이 결코 인간의 연약함으로 취소되지 않음을 보여주고, 징계라 여겼던 아픔조차 사실은 하나님이 우리를 사랑하시기에 허락하신 과정임을 설명합니다. 아울러 순종과 헌신은 구원의 조건이 아니라 은혜의 자연스러운 열매라는 점, 그리고 성령의 역사는 체험보다 복음을 믿게 하는 데 집중된다는 사실을 짚어줍니다.

이 책은 우리가 잊기 쉬운 구원의 본질을 다시금 점검하게 해줍니다. 왜곡된 체험과 가르침으로 인해 신앙의 길에서 상처 입은 많은 사례를 가감 없이 담고 있는 이 책은 "지금부터 어떻게 바르게 믿을 것인가?"에 대한 답을 함께 찾아보려는 시도이기도 합니다. 특히 "구원은 전적으로 하나님의 은혜에 기초하며, 감정이나 노력에 의존하지 않는다"는 점을 회복하는 것이 매우 중요함을 강조하고 있습니다. 구원의 본질이 분명해지면 가정과 사회 속에서 건강한 신앙생활의 길이 자연스럽게 열릴 것이기 때문입니다.

신앙은 우리를 얽매고 고립시키는 것이 아니라 이 땅에서도 자유함 속에 풍성한 삶을 살도록 인도합니다. 하나님은 세상과 단절하기를 원하시는 분이 아니라 오히려 세상 속에서 하나님의 빛과 사랑을 드러내길 원하십니다. 이 책이 그러한 바른 신앙의 길로 한 걸음 더 다가가게 하는 작은 안내서가 되기를 소망합니다. 모쪼록 이 책을 읽는 모든 분이 교회 안팎에서 겪은 힘든 순간을 되돌아보고, 오직 바른 말씀에 근거한 자유와 기쁨을 회복하길 간절히 바랍니다.

2025년 4월

손승우

PART 2 내 신앙은 왜 그렇게 되어버렸을까

왜곡된 가르침에 사로잡힌 이유 돌아보기

PART 3 **다른 복음은 복음이 아닙니다**
복음을 가장하지만 복음이 아닌 것들

PART 4   은혜로 구원을 받고 믿음으로 살아갑니다

참된 복음을 다시 붙들며 시작된 회복의 걸음

PART 1

믿음인 줄 알았지만, 믿음이 아니었습니다

처음엔 진심이었지만, 결국 복음과 멀어진 시간

잘못된 성령 체험으로
잃어버린 신앙

　예수님을 믿기 시작했을 때, 교회는 새로운 세상 같았습니다. 하나님이 살아 계시고 나를 향한 특별한 계획이 있다는 말을 들었을 때 마음이 벅찼습니다. 예배 중에 다양한 체험을 했습니다. 몸이 저절로 흔들리고, 뜨거운 감정이 솟구치며, 눈물이 쏟아졌던 순간들은 나에게 성령님이 임한 확실한 증거라고 생각했습니다. 특히 방언이 터지고, 기도 중에 쓰러지기까지 하는 신체적 반응은 나의 영적인 성숙과 하나님과의 친밀함을 증명해주는 것 같았습니다.

　처음에는 이런 경험이 너무나 감사했습니다. 나는 하나님께 특별한 사랑을 받고 있다고 스스로 믿었고, 이런 체험이 계속될수록 신앙이 더욱 깊어진다고 생각했습니다. 그런데 문제는 곧 드러나기 시작했습니다. 교회에서 성령 체험을 마치 신앙생활의 필수 조건처럼 강조하기 시작했습니다. 집회나 기도회에 참석할 때마다 리더들은 성령의 특별한 체험을 반드시 받아야 한다고 말했습니다. 만약 누군가가 그런 체험을 하지 못하면 믿음이 부족하거나 하나님과의 관계에 문제가 있다고 여겨 비판의 대상이 되기도 했습니다.

나도 점차 이런 압박에 영향을 받기 시작했습니다. 성령 체험을 하지 못한 날이면 스스로를 책망하며 하나님 앞에서 제대로 신앙생활을 하지 못한 것 같은 죄책감과 불안에 시달렸습니다. 결국 다른 성도들처럼 집회 때마다 체험을 연출하거나 감정적 반응을 일부러 드러내는 일이 늘었고, 그럴 때마다 마음속에는 기쁨 대신 공허함과 혼란이 쌓여갔습니다.

교회 목사님은 "예수님을 믿는 믿음만으로는 부족하다"는 설교를 자주 했습니다. 목사님은 강단에서 자주 이런 말도 했습니다.

"여러분에게는 반드시 성령의 강력한 체험이 있어야 합니다. 성령 체험이 없으면 진정한 구원을 받았다고 할 수 없습니다."

이 말에 영향을 받은 많은 성도가 체험을 추구하는 데 더욱더 에너지를 쏟았습니다. 나 역시 이런 가르침을 맹목적으로 믿으며 강렬한 신앙적 체험만을 갈망했습니다.

시간이 지나면서 성령 체험이라는 것이 나의 삶을 조금도 변화시키지 못함을 느꼈습니다. 강렬한 체험 후엔 잠시나마 큰 감동과 위로를 받았지만, 그 효과는 오래가지 않았습니다. 오히려 시간이 갈수록 영적 공허함과 허무감이 더 커졌습니다. 일상에서 만나는 문제 앞에서는 더 큰 무력감을 느끼게 되었습니다. 그동안의 신앙적 체험이 삶의 문제에 실질적인 도움이 되지 않는다는 생각도 들었습니다.

심각한 문제는 교회 리더들이 성령 체험을 통해 사람들을 통제하고 자신들의 권위를 사용한다는 사실이었습니다. 교회 리더들은 성령의 음성을 들었다면서 성도들의 삶까지 간섭했습니다. 리더들이 말하는 '하나님 음성'에 순종하지 않으면 불순종이라는 비난을 받았고, 다른 사람들과 마찬가지로 나는 점점 리더들에게 의존하게 되었습니다. 하나님과의 직접적 교제보다는 리더들이 전하는 체험과 계시의 음성에 의존하는 방향으로 신앙이 변질된 것입니다.

이렇게 잘못된 신앙생활을 하는 동안 나는 성경을 제대로 묵상하거나 읽을 수 없었습니다. 교회에서 하는 특별한 체험을 신앙의 전부처럼 생각했기 때문입니다. 성경 말씀을 깊이 묵상하고 하나님의 뜻을 분별하는 대신 체험을 통해 하나님의 임재와 능력을 경험할 수 있다고 생각하며 살았습니다. 왜냐하면 성경은 옛날에 기록된 말씀이고 하나님의 음성은 지금, 현재, 이때 들리는 것이었기 때문입니다.

나중에 나는 심각한 영적 혼란과 불안을 겪었습니다. 체험 중심의 신앙생활은 나의 마음에 깊은 상처를 남겼고, 하나님에 대한 신뢰마저 흔들렸습니다. 체험을 통해서 얻었던 감정적 위로가 사라질 때마다 영적 갈등과 죄책감으로 괴로워했습니다.

어느 날, 하나님은 말씀을 통해 나를 새롭게 하셨습니다. 우연히 펼친 성경에서 나는 이 성경 구절을 보게 되었습니다.

> 그러나 진리의 성령이 오시면 그가 너희를 모든 진리 가운데로
> 인도하시리니 그가 스스로 말하지 않고 오직 들은 것을 말하며
> 장래 일을 너희에게 알리시리라
>
> _ 요한복음 16장 13절

이 말씀을 통해 나의 신앙이 잘못된 체험과 사람의 말을 따라갔다는 사실을 분명히 알게 되었습니다. 성령의 역사는 일시적 체험이 아니라 말씀을 통해 복음의 진리 가운데로 우리를 인도하시며, 우리의 삶을 변화시키고 성숙하게 하시는 것임을 알게 되었습니다.

나는 말씀을 묵상하며 성령의 열매를 깨닫게 되었습니다.

오직 성령의 열매는 사랑과 희락과 화평과 오래 참음과 자비
와 양선과 충성과 온유와 절제니 이같은 것을 금지할 법이 없
느니라

_ 갈라디아서 5장 22~23절

성령의 역사는 외적이고 일시적인 체험이 아니라 사람의 내
면과 삶에서 아름답고 성숙한 성품으로 나타난다는 것을 깨닫
고, 잘못된 성령 체험에서 벗어나 말씀의 길로 돌아왔습니다.
성령의 역사는 결코 사람을 억압하거나 불안하게 하지 않습니
다. 나는 이제 말씀 위에 견고히 서서 성령의 인도하심 가운데
믿음의 길을 걸어가고 있습니다.

'사도적 교회'라면서 권위는
말씀이 아니라 사람에게

교회 이름 앞에 붙은 '사도적'이라는 표현은 다른 교회와는 차원이 다르다는 인상을 주었고, 사람들은 이 교회를 섬기는 것을 자부심으로 여겼습니다. 담임목사님은 사도로 예언을 받고 부름받은 사람이라고 했으며, 교회 성도들은 목사님을 마치 성경에 나오는 사도처럼 생각하며 절대적으로 순종했습니다.

교회에서는 "순종하면 천국, 불순종하면 심판받아 지옥"이라는 말이 공공연히 쓰였습니다. 모든 결정은 교회 리더의 지시에 따라 이루어졌고, 개인의 생각이나 의견은 배제되었습니다. 교회 리더들은 하나님께서 자신들에게 특별한 권위를 주셨다고 말하며, 이를 근거로 성도들의 삶을 전반적으로 통제하기 시작했습니다.

교인들의 일상은 삶의 세세한 부분까지 관리 대상이었습니다. 직장을 옮기거나 이사할 때도 리더의 허락이 필요했고, 그들의 허락 없이는 인생의 중요한 결정을 할 수 없었습니다. 어느 자매는 교회나 리더의 허락 없이 서울의 더 좋은 직장으로 이직했다가 '영적으로 불순종한 사람'이라는 낙인이 찍혔고, 리더들의 심한 압박과 비난 속에 결국 교회를 떠나야 했습니다. 그 자매가 원하는 직장으로 옮기는 것이 하나님의 뜻이 아니라 교회 근처에 살며 교회 훈련에 우선해야 한다는 교회의 방침 때문이었습니다.

교회 리더들은 그들의 권위를 내세워 결혼같이 개인적으로 중요한 문제도 통제했습니다. 목사님 사모님의 판단 아래 결혼 상대와 날짜까지 정해졌고, 이성 교제 과정도 리더들에게 모두 보고해야 했습니다. 심지어 마음에 안 드는 이성과 강제적으로 결혼하는 일까지 있었습니다. 교회에서는 이것이 영적 순종이고 하나님의 뜻을 따르는 길이라고 가르쳤지만, 원치 않는 결혼을 한 뒤 교회를 떠나고 결국 이혼한 교인도 있었습니다.

이러한 교회의 권위는 개인의 신앙(영성) 평가로 이어졌습니다. 교회 안에서의 직분은 마치 계급처럼 작동했고, 미혼에서 기혼으로 신분이 바뀌면 직분과 훈련 수준까지 강제로 낮추었습니다. 찬양팀 싱어였던 어느 자매는 결혼 후 리더의 지시에 따라 악보를 복사하고 밥을 짓는 등의 이른바 '인격 훈련'을 처음부터 다시 해야만 했습니다. 결혼 이전의 훈련과 봉사는 전혀 인정받지 못했습니다.

더욱 심각한 문제는 교회 밖의 삶과 인간관계까지 통제했다는 것입니다. 세상은 악하고 마귀가 잡고 있어 세상과의 모든 관계를 단절하는 것이 영적으로 보호받고 성장하는 길이라고 가르쳤으며, 타 교회와의 교류나 외부 모임 참석도 엄격히 금지되었습니다. 심지어 명절이나 가족 행사 같은 개인적 일정이 교회 활동과 겹치면 교회 프로그램을 우선시해야 했으며, 이를 거부하면 불순종의 세력이 충만한 것으로 취급했습니다. 직장 생활로 인해 교회 수련회 참석이 어려웠던 한 형제는 리더에게 "영적 돌파를 위해 직장을 그만두라"는 권면까지 들었습니다.

이렇게 회사 업무나 가족 행사마저 교회 활동보다 우선시할 수 없었으며, 이에 따르지 않으면 영적으로 미성숙하다는 평가를 받았습니다. 이는 결국 하나님 말씀이 아닌 사람의 권위가 중심이 된 결과였습니다. 나는 말씀보다 교회 직분자나 리더의 말이 더 중요한 교회, 하나님의 뜻보다 사람의 지시가 우선인 그곳에서는 영적 자유와 평안을 찾을 수 없었습니다.

하나님은 결코 인간의 권위 아래 우리를 구속하시거나 억압하시는 분이 아닙니다. 하나님은 말씀을 통해 우리에게 분별력을 주시며, 그 말씀 위에서 각자의 삶을 책임 있게 살아가도록 인도하십니다.

말씀 위에 세워지지 않고 사람의 권위로 움직이는 교회는 결국 신앙의 왜곡과 삶의 파괴를 가져옵니다. 사람들은 그 교회를 나온 뒤에야 비로소 자신이 겪은 통제와 억압이 얼마나 잘못된 것인지 깨달았습니다. 하나님의 권위를 빌려 사람이 권력을 행사하는 교회를 벗어나고 나서야 비로소 말씀 중심의 바른 신앙을 회복한 것입니다. 바른 신앙은 결코 사람의 권위 아래서가 아니라 오직 하나님의 말씀 위에 서 있을 때만 가능합니다.

'교회 권위에 절대 순종'이라는 말에
숨은 강압과 폭력

나는 "교회 권위에 순종하라"는 말을 하나님의 말씀처럼 신실하게 받아들였습니다. 예수님께서 "너희가 나를 사랑하면 나의 계명을 지키리라"(요한복음 14:15)고 말씀하셨기 때문입니다. 이 말씀이 너무나 분명했기에 교회의 가르침을 따르는 것이 곧 하나님을 사랑하는 길이라고 믿었습니다. 그러나 시간이 흐를수록 교회가 요구하는 순종이라는 말이 본래의 의미에서 벗어나 점점 강압과 폭력으로 변질되는 것을 경험했습니다.

교회 생활을 하던 한 자매도 그런 일을 당했습니다. 이 자매는 가족과 함께해야 할 중요한 행사가 있어서 교회 리더에게 교회 봉사를 하루 쉬겠다고 조심스럽게 말했습니다. 그런데 리더는 "교회 활동과 예배가 모든 것보다 우선해야 하며, 이를 어기면 믿음이 부족한 것"이라고 자매를 강하게 질책했습니다.

결국 자매는 가족과의 시간을 포기할 수밖에 없었고, 이 일로 크게 실망한 자매의 가족은 깊은 상처를 입었습니다.

교회는 이 일을 마치 세상에서 영적으로 승리한 것인 양 이야기했고, 교인들은 두려워하며 교회의 요구를 절대적으로 따르게 되었습니다. 교회의 직분자나 권위자의 말을 무시하는 것은 하나님에 대한 불순종이자 하나님의 뜻을 따르지 않는 것이므로 저주와 심판이 있다고 했기 때문입니다.

이런 사례는 드문 일이 아닙니다. 한 형제는 자신의 꿈을 이루기에 적합한 회사에서 좋은 조건으로 이직 제안을 받았습니다. 이 형제에게는 기쁜 일이자 좋은 기회였지만, 교회 리더는 "그 직장은 교회 활동과 신앙생활에 방해가 될 것"이라며 형제를 설득했습니다. 그는 이러한 교회의 설득에 굴복해서 결국 자신이 원하는 직장과 커리어를 포기해야 했습니다. 그 이후 형제는 자기 뜻과는 상관없이 오로지 교회 리더의 판단에 삶을 맡기고 불안과 두려움 속에서 살았습니다. 자기 인생을 스스로 결정할 권리를 박탈당한 채 교회의 요구에 무조건 순종해야 하는 현실 앞에서 형제는 자유와 기쁨을 잃었습니다.

교회의 권위에 대한 강압적 순종 요구는 심지어 결혼에도 심각한 문제를 일으켰습니다. 한 자매는 자신과 신앙적으로도 잘 맞고 진심으로 사랑하는 형제를 만나 결혼을 준비 중이었습니다. 그러나 교회 리더는 그 형제가 "영적으로 부족하다"고 반대하며 다른 사람과 결혼할 것을 강력히 요구했습니다. 그 자매는 그 압박을 이기지 못해 교회 리더가 정한 상대와 결혼했지만, 결국 심각한 갈등 끝에 이혼이라는 큰 상처를 떠안았습니다. 게다가 교회 안에서까지 '불순종한 사람', '믿음 없는 사람'이라는 비난을 받으며 큰 상처와 아픔을 겪어야 했습니다.

이런 사례들은 교회에서 어떤 의견도 자유롭게 표현할 수 없는 분위기를 만들었습니다. 한 성도는 교회의 재정 관리에 대해 정당한 의문을 제기했지만, 교회 리더가 즉각적으로 그를 '교회를 분열시키는 자'라고 규정하는 바람에 결국 교회를 떠날 수밖에 없었습니다. 그가 떠난 뒤로는 교회에서 누구도 리더의 말에 반대하거나 다른 의견을 제시하지 않았습니다. 그저 침묵하고 리더의 요구를 따르는 것이 신앙생활의 전부가 되어 버렸습니다.

교회는 교회의 훈련이나 각종 프로그램 참여에 절대적 순종을 요구했습니다. 교인들의 사정이나 건강 상태는 고려 대상이 아니었습니다. 몸이 아파도 아무리 피곤해도 하나님께 순종이라는 이유로 무조건 참석해야 했으며, 불참하면 믿음이 부족하다고 비난을 받았습니다. 어느 자매는 유산한 지 일주일도 안 된 상태에서 교회 수련회에 참석하라는 강요를 받고는 건강 악화를 감수하면서까지 참석해야 했습니다. 또 다른 성도는 회사 일정과 교회 수련회가 겹쳤을 때 교회 리더에게서 "회사라는 세상 권위에 눌리지 말고 믿음으로 돌파하거나 회사를 그만두라"는 충격적인 말을 듣기도 했습니다.

이와 같은 사례는 성경이 가르치는 권위의 의미를 잘못 이해하고 악용한 결과입니다. 예수님께서는 제자들에게 "너희 중에 큰 자는 너희를 섬기는 자가 되어야 하리라"(마태복음 23:11)고 말씀하셨습니다. 하나님의 권위는 사람을 통제하거나 억압하는 것이 아니라 사랑과 겸손으로 사람들을 섬기고 돌보는 데 있습니다. 예수님은 제자들의 발을 직접 씻기시며 참된 권위가 무엇인지 보여주셨습니다(요한복음 13:14~15). 예수님의 권위는 개인의 자유를 침해하거나 존엄성을 해치는 것이 아니라 오히려 사랑과 섬김으로 사람들을 세우는 것입니다.

교회가 추구해야 할 권위는 성도들의 인격과 자유를 존중하고, 그들이 하나님 앞에서 믿음을 가지고 건강하게 성장할 수 있게 돕는 것입니다. 교회는 잘못된 절대 순종과 강압적 권위에서 벗어나 성경이 가르치는 하나님 말씀의 권위를 회복해야 합니다. 성도들이 하나님 말씀 안에서 각자의 삶을 결정하고, 말씀 안에서 건강하게 성장할 수 있도록 돕는 것이 교회의 사명입니다.

교회는 두려움과 억압 대신 사랑과 겸손의 권위가 자리한 곳입니다. 성도와 리더 모두가 서로를 존중하고 열린 마음으로 소통하며 진리와 사랑 안에서 함께 성장할 때, 교회는 비로소 하나님이 기뻐하시는 공동체로 회복될 것입니다. 그것이야말로 성경이 우리에게 보여주는 권위입니다.

'신앙 훈련'으로 단절된
가족과 친구들

나는 '신앙 훈련'이라는 말을 특별하게 여겼습니다. 하나님과 더 깊이 관계를 맺고 신앙적으로 성장할 기회라는 생각에 기쁜 마음으로 교회에서 하는 모든 훈련 과정에 성실히 참여했습니다. 다양한 기도 모임, 성경 공부, 금식과 철야기도 훈련 등 여러 가지 프로그램이 내 신앙을 더욱 견고하고 풍성하게 만들어주리라 기대했습니다.

그러나 시간이 흐르면서 순수했던 훈련의 목적과 의미가 조금씩 변질되어갔습니다. 교회는 점점 세상과 단절해야 한다고 가르치기 시작했습니다. 리더들은 교회 밖 세상의 것들이 나를 영적으로 오염시키고 타락시킬 수 있기 때문에 신앙적으로 성장하려면 세상과의 관계를 완전히 끊고 오직 교회와 하나님께만 집중해야 한다고 강조했습니다. 처음에는 그것이 거룩함과 헌신의 표현이라고 믿었기에 나는 의심 없이 그들의 말에 순종했습니다.

그런데 교회가 요구하는 세상과의 단절은 내가 생각한 것보다 훨씬 더 엄격하고 강압적인 방식으로 이루어졌습니다. 가족과의 관계마저 '세상적인 관계'라고 폄하되었고, 교회의 영적 훈련이 내 삶의 모든 관계와 일정에서 최우선 순위가 되어야 했습니다. 어느 날, 어머니 생신이 교회 철야기도회와 겹쳐 내가 고민하자 리더는 주저 없이 말했습니다.

"진짜 하나님을 사랑하는 사람이라면 가족 모임보다 영적인 행사를 택하는 것이 옳습니다."

그래서 나는 철야기도회에 참석했고, 어머니는 나의 선택에 충격을 받고 마음에 상처를 입었습니다. 그 일로 어머니와의 관계는 회복하기 어려울 정도로 악화되었습니다.

가족관계뿐 아니라 오랜 친구들과의 관계에도 균열이 생기기 시작했습니다. 교회 리더들은 친구들과의 만남을 세속적이고 신앙에 방해되는 것으로 규정하고 더 이상 만나지 말라고 강력히 권면했습니다. 처음에는 조금 망설였지만, 리더들의 강한 압박과 반복되는 설득에 결국 마음이 흔들려 친구들의 연락을 피하기 시작했습니다. 친구들의 결혼식이나 중요한 모임에도 참석하지 않았고, 그렇게 시간이 흐르면서 친구들과 점점 멀어졌습니다. 친구들이 떠난 자리에는 외로움과 상실감이 남았지만, 나는 그것이 '하나님을 위한 결단'이라고 스스로 위로할 수밖에 없었습니다.

사회생활과 직장 생활도 크게 위축되었습니다. 교회는 직장 동료들과의 점심 식사나 회식, 간단한 친목 모임마저 '세상적이고 세속적인 교류'로 간주해 참여를 금지했습니다. 나는 직장에서도 동료들과 어울리지 않고 혼자 성경을 읽거나 기도했습니다. 동료들이 그런 나를 이해해주기를 바랐지만, 시간이 지나면서 동료들은 점차 내게서 멀어졌습니다. 결국 나는 직장에서 완전히 고립되어 업무를 처리하는 데도 어려움을 겪게 되었습니다.

이런 일이 반복되면서 나는 내 삶이 점점 더 고립되고 좁아지고 있음을 깨달았습니다. 훈련이라는 이름 아래 가족과 친구, 사회적 관계까지 단절되면서 내 일상은 교회 안에서만 존재했습니다. 교회는 그런 나를 '영적으로 성장한 상태'라고 칭찬했고, 나도 그것이 옳다고 생각하며 버텼습니다. 하지만 내면에는 깊은 우울감과 외로움 그리고 상실감이 점점 쌓여갔습니다.

교회 리더들은 이런 감정조차 '믿음이 부족해서 생기는 시험'이라고 규정하며 더 강력한 훈련을 권면했습니다. 몸이 아프거나 정신적으로 힘든 순간조차 신앙으로 극복해야 한다고 압박했습니다. 유산한 지 일주일도 안 된 상태에서 리더들의 강압으로 무리하게 교회 훈련에 참석했던 한 자매는 건강을 해쳐 장기간 어려움을 겪었습니다. 나는 그것을 보면서 뭔가 잘못되었다는 생각을 떨칠 수 없었습니다.

이렇게 과도한 훈련과 세상과의 단절 강요로 나의 신앙생활은 왜곡되었습니다. 교회의 가르침이 하나님의 뜻이라고 믿었지만, 내 삶은 하나님이 주신 자유함과 평안을 점점 잃어갔습니다. 교회가 제시하는 기준과 리더들의 판단에 모든 것을 맡기면서 내 인생의 자기결정권마저 빼앗기게 되었습니다. 어느새 나는 교회의 허락 없이는 아무 선택도 할 수 없는 사람이 되어 있었습니다.

그러던 어느 날, 성경을 다시 읽으며 큰 깨달음을 얻었습니다. 성경 어디에도 가족과 친구, 사회적 관계를 무조건 끊으라고 가르친 곳은 없었습니다. 오히려 예수님은 "새 계명을 너희에게 주노니 서로 사랑하라 내가 너희를 사랑한 것 같이 너희도 서로 사랑하라"(요한복음 13:34)고 말씀하시며, 사랑과 은혜로 서로를 돌볼 것을 강조하셨습니다. 성경적 신앙은 고립이 아니라 관계 안에서 하나님의 사랑과 진리를 살아내는 것이었습니다.

이 말씀을 깨달은 뒤 나는 서서히 교회의 잘못된 가르침에서 벗어나기 시작했습니다. 처음에는 두려웠지만, 하나님 말씀의 뜻이 무엇인지 확신을 갖고 가족과 친구들에게 진심으로 사과하며 관계 회복을 시도했습니다. 감사하게도 가족과 친구들은 나를 따뜻하게 받아주었고, 내가 교회의 잘못된 가르침에서 벗어난 것을 한마음으로 반겼습니다. 이러한 관계 회복을 통해 나는 다시 한번 하나님의 진정한 사랑과 은혜를 경험했습니다.

교회에서 벗어나 관계를 회복하며 나는 내 삶의 균형과 건강한 신앙을 다시 찾기 시작했습니다. 직장에서도 동료들과 적극적으로 어울리며 업무에서도 좋은 성과를 거두었습니다. 처음에는 교회 훈련을 어긴 것이 아닌가 하는 죄책감이 들기도 했지만, 성경적 신앙은 결코 관계의 단절이 아니라 세상의 관계 속에서 하나님의 뜻을 살아내는 것임을 되새기며 자유를 얻었습니다.

결국 잘못된 교회를 떠나고 나서야 나는 비로소 바른 신앙을 회복할 수 있었습니다. 하나님 말씀을 바르게 전하고 성도를 억압하지 않는 건강한 교회 공동체에서 신앙생활을 하게 되면서 내 삶은 다시 풍성하고 자유한 모습을 회복했습니다. 지금은 하나님이 원하시는 진정한 관계와 사랑 안에서 건강하고 기쁨 넘치는 삶을 살아가고 있습니다.

'영이 다르다'는
비성경적 표현

교회 공동체 안에서 때때로 '영이 다르다'는 말을 들었습니다. 처음 이 말을 들었을 때는 조금 당황했지만, 이 표현은 이후 관계를 단절시키고 공동체 안에서의 소통을 어렵게 하는 원인이 되었습니다. 예를 들어 교회에서 의견 충돌이 있거나 각자의 신앙적 견해가 다를 때, 혹은 어느 지체가 교회의 특정한 기준이나 훈련 방식에 따르지 않을 때 '영이 다르다'는 말로 상대방을 비판하거나 배척하는 경우가 많았습니다. 심지어 다른 교회 사람과의 교제에서는 물론 교회가 정한 영적 체험을 하지 못한 사람들에게도 이 표현을 사용했습니다.

한 자매는 자신이 사귀는 형제가 다른 교회에 다닌다는 이유로 교회 리더에게 '영이 다르다'는 말과 함께 교제를 중단하라는 강력한 권고를 들었습니다. 자매는 그 말을 듣고 큰 혼란과 상처를 경험했으며, 결국 연애를 포기해야 했습니다. 또 다른 형제는 직장 동료들과 친하게 지내고 사회생활을 잘하는 편이었는데, 교회 리더들에게 "세상 사람들과 가까이 지내는 것은 영이 다르기 때문"이라는 비판을 들었습니다. 그는 교회 안에서 늘 죄책감에 시달려야 했습니다.

'영이 다르다'는 표현은 개인의 신앙 성장과 관련된 중요한 선택이나 결정 과정에서도 자주 사용되었습니다. 결혼 상대를 정하거나 직업을 선택할 때, 심지어 개인적인 취미나 관심사에 대해서도 리더나 교회가 설정한 기준에 맞지 않으면 '영이 다르다'며 비판하는 일이 많았습니다. 이로 인해 많은 교인이 자유로운 신앙생활과 삶의 결정권이 박탈된 듯한 압박감에 시달렸습니다.

특히 리더나 사역자들이 '영이 다르다'는 표현을 권위적이고 일방적으로 사용함으로써 성도들의 마음에 깊은 상처를 남겼습니다. 그들은 자신들의 말을 따르지 않으면 마치 하나님에게 불순종하고 거역하는 것처럼 비치게 해서 영적 두려움을 조장했습니다. '영이 다르다'는 표현 때문에 소외감을 느껴 공동체를 떠나는 이들도 적지 않았습니다. 이는 공동체의 건강한 성장을 저해하는 결과를 가져왔습니다.

나는 한동안 교회의 지시대로 모든 관계를 끊고 교회가 권면

하는 삶의 방식만을 고집했습니다. 그러나 그렇게 관계를 끊으면 끊을수록 삶은 더욱 외로워졌고, 내 안에서 평안과 기쁨이 사라졌습니다. 가족, 친구들과의 관계가 점점 끊겨 마침내 주변에 나를 이해해주는 사람이 단 한 명도 남지 않게 되었습니다. 그러자 깊은 우울감과 무력감에 빠져들었고, 신앙생활 자체에도 회의가 들기 시작했습니다.

성경 어디에도 '영이 다르다'라는 표현으로 사람을 구분하거나 배척하라는 가르침은 없습니다. 성경은 성도들의 연합과 하나 됨을 강조하고 있습니다.

> 우리가 유대인이나 헬라인이나 종이나 자유인이나 다 한 성령으로 세례를 받아 한 몸이 되었고 또 다 한 성령을 마시게 하셨느니라
>
> _ 고린도전서 12장 13절

그리스도 안에서 모두가 하나임을 분명히 하고 있는 이 말씀은 신앙 안에서의 차별과 배척이 얼마나 비성경적인지를 나타냅니다.

성경은 오히려 신앙 공동체 내에서의 다양성을 존중하고 격려합니다.

우리가 한 몸에 많은 지체를 가졌으나 모든 지체가 같은 기능을
가진 것이 아니니 이와 같이 우리 많은 사람이 그리스도 안에서
한 몸이 되어 서로 지체가 되었느니라

_로마서 12장 4~5절

각 사람이 지닌 고유한 은사와 역할의 차이를 인정하고, 공동체의 하나 됨을 더욱 풍성하게 이루라는 말씀입니다.

예수님께서도 공생애를 보내실 때 제자들 각자의 개성과 성격, 의견 차이를 있는 그대로 받아들이셨습니다. 베드로의 충동적 성격, 도마의 의심 많은 성품, 요한의 섬세한 감성을 모두 품으셨습니다. 예수님은 그 어느 제자에게도 "너는 영이 달라서 나와 함께할 수 없다"고 말씀하지 않으셨습니다. 오히려 제자 한 사람, 한 사람을 있는 모습 그대로 받아들이고 사랑하시며 끝까지 포기하지 않으셨습니다.

교회 안에서 '영이 다르다'는 표현이 빈번히 사용되면서 나타난 가장 큰 문제는 그것이 실제로 공동체를 분열시키고 사람들 사이에 불필요한 긴장과 불신을 조장했다는 점입니다. 이 표현은 교인들 간의 진정한 신뢰와 친밀한 교제를 방해할 뿐 아니라 심지어 성도들이 서로 경계하고 의심하게 했습니다. 결국 교회 분위기가 경직되고 차가워져 교인들은 서로에게 마음

을 열지 않게 되었습니다.

한 형제는 신앙적 견해 차이로 인해 '영이 다르다'는 말을 듣고는 교회에서 점차 배제되기 시작했습니다. 그렇게 교회 안에서 모든 사람과의 관계가 어색해지자 결국 다른 교회로 가게 되었습니다. 또 한 자매는 교회가 요구하는 방식의 성령 체험을 못 하자 '영이 다르다'는 판단을 받고 지속적 압박과 소외를 경험했습니다. 결국 그 자매는 깊은 상처만 받고 신앙생활 자체를 포기하는 상황에까지 이르렀습니다.

성경은 믿는 자들이 서로를 돌아보며 사랑과 선행을 격려하라고 분명히 가르칩니다.

> 서로 돌아보아 사랑과 선행을 격려하며
>
> _ 히브리서 10장 24절

또한 성경은 공동체 안에서 하나 됨을 강조합니다.

> 평안의 매는 줄로 성령이 하나 되게 하신 것을 힘써 지키라
>
> _ 에베소서 4장 3절

서로의 다름을 인정하고 그 안에서 조화를 이루며 하나 되는

것이 성경이 말하는 신앙 공동체의 모습입니다.

예수님께서는 제자들에게 "너희가 서로 사랑하면 이로써 모든 사람이 너희가 내 제자인 줄 알리라"(요한복음 13:35)고 말씀하셨습니다. 예수님께서 원하시는 공동체는 서로를 품고, 이해하며, 용서하고, 사랑하는 공동체입니다. 성령의 역사는 서로를 갈라놓는 것이 아니라 오히려 사랑과 용서와 이해를 통해 하나가 되게 하시는 것입니다.

믿음의 공동체 안에서 '영이 다르다'는 결코 옳은 표현이 아닙니다. 우리는 성경적 표현과 사랑으로 서로를 바라보아야 합니다. 상대방을 향해 마음을 열고 경청하며 소통을 시작해야 합니다. 서로의 다양성을 존중하며 하나님 안에서 함께 성장할 때 교회는 더욱 건강하고 풍성한 공동체가 될 것입니다.

'

"목회자를 비판하면 저주가 임한다"는
잘못된 가르침

　나는 교회에서 목회자를 존경하고 교회를 신뢰했습니다. 목회자는 하나님의 말씀을 전하는 특별한 사명을 가진 사람이라는 생각에서 목회자들에 대한 비판은 자연스레 꺼렸습니다. 특히 "주의 종을 비판하면 저주가 임한다"는 말을 교회 안에서 자주 들었기 때문에 이 말을 마음 깊이 새기며 목회자를 비판하지 않으려 노력했습니다.

　그런데 시간이 지날수록 교회 안에서 이상한 일들이 벌어졌습니다. 목회자들이 명백히 잘못 판단하거나 도덕적으로 의심스러운 행동을 할 때조차 교인들은 입을 다물고 침묵하기 일쑤였습니다. "주의 종을 비판하면 저주가 임한다"는 가르침이 성도들의 정당한 비판과 의견마저 봉쇄하고 있었습니다. 결국 교회 안에서 점점 더 많은 문제가 묻히고, 공동체 전체가 병들어가는 것을 목격하게 되었습니다.

어느 날, 교회 재정이 투명하지 않다는 의혹이 제기되었습니다. 그래서 성도들이 재정 운영의 투명성을 요구했지만, 목회자는 "하나님의 종을 비판하면 축복이 떠난다"고 말하며 성도들의 문제 제기를 원천적으로 차단했습니다. 많은 성도가 내심 불편해하면서도 목회자의 권위를 인정하고 침묵을 선택한 결과 교회의 재정 관련 문제는 더욱 악화되었고, 불신과 의혹은 점점 더 커져갔습니다.

이러한 논리는 교회 내부에서 갈등과 권력 다툼이 발생할 때도 마찬가지로 적용되었습니다. 교회 안에서 불합리하거나 불의한 일이 발생했을 때 이를 지적하거나 개선을 요구하면 "주의 종을 거스르는 행위"로 받아들여졌습니다. 일부 성도가 용기 내어 문제를 제기해보았지만, 돌아오는 것은 비난과 질책뿐이었습니다. "주의 종의 권위를 인정하지 않으면 저주가 임한다"는 경고는 이렇게 성도들의 입을 막고 불의를 방치하는 결과를 가져왔습니다.

나는 목회자의 권위를 절대적으로 존중해서 교회 안의 잘못된 점에 대해 애써 침묵했습니다. 하지만 시간이 지날수록 마음속에서 영적인 혼란과 회의감이 고개를 들기 시작했습니다. 잘못된 일이 명백한데도 침묵으로 일관해야 하는 현실이 나를 영적으로 더 괴롭혔습니다. 결국 나는 목회자를 비판하지 않으려는 노력이 잘못된 신앙의 결과임을 깨닫게 되었습니다.

성경은 결코 목회자의 잘못에 침묵하라고 가르치지 않습니다. 오히려 성경은 지도자들이 잘못된 길을 갈 때 이를 지적하고 바로잡으라고 명령합니다. 이사야 선지자는 지도자들이 잘못을 묵인하는 것을 꾸짖고 강하게 책망했습니다.

> 이스라엘의 파수꾼들은 맹인이요 다 무지하며 벙어리 개들이라 짖지 못하며 다 꿈꾸는 자들이요 누워 있는 자들이요 잠자기를 좋아하는 자들이니
>
> _ 이사야 56장 10절

이는 지도자들의 잘못된 길을 바로잡기 위한 건설적 비판이 얼마나 중요한지를 강조하는 말씀입니다.

사도 바울 또한 갈라디아 교회에서 베드로의 위선을 지적하며 공개적으로 꾸짖었습니다(갈라디아서 2장). 이는 아무리 존경받는 사도라도 잘못된 길을 갈 때는 과감히 지적하고 바른길로 인도하는 것이 신앙 공동체의 역할임을 보여줍니다. 목회자도 인간이므로 언제든 실수할 수 있고, 그렇기에 건강한 비판과 지적은 공동체를 올바르게 세워가는 데 필수적인 요소입니다.

성경은 교회 리더들을 위한 기준을 제시합니다. 디모데전서 3장에서는 감독(목회자)이 책망할 것이 없고, 절제하며, 신중하며, 단정하며, 나그네를 대접하며, 가르치기를 잘하며, 술을 즐기지 아니하며, 구타하지 아니하며, 오직 관용하며, 다투지 아니하며, 돈을 사랑하지 아니하는 사람이어야 한다고 분명히 말씀합니다. 목회자들이 하나님 앞에서 어떻게 살아가야 하는지, 그 기준을 명확히 밝힌 것입니다. 그러므로 목회자의 삶이 이 기준에서 벗어날 때는 성도들이 이를 지적하고 시정을 요구하는 것이 정당합니다.

나는 한때 목회자를 절대적으로 신뢰하며 아무 의심 없이 모든 가르침에 따랐지만, 결국 이것이 얼마나 위험한 신앙인지 깨달았습니다. 교회가 목회자의 권위를 맹목적으로 따를 때 그 교회는 결국 하나님 앞에서 올바른 신앙을 잃게 되고, 목회자 개인의 권력만 강화될 뿐입니다.

그렇다고 해서 교회 안에 비판과 부정적인 말만 가득해서는 안 됩니다. 비판은 어디까지나 사랑과 진리 안에서 이루어져야 합니다. 비판이 지나치면 서로의 신뢰와 사랑이 깨질 수 있으며, 이는 또 다른 문제를 일으키기 때문입니다. 목회자와 성도가 서로를 존중하고 사랑하며, 올바른 비판을 통해 공동체가 더 나은 방향으로 성장할 수 있게 해야 합니다. 건전한 비판은 수용하고, 이를 통해 함께 성장하는 것이 성숙한 신앙인의 자세입니다.

성경적인 비판은 언제나 인격적이어야 합니다. 비판은 사람 자체를 공격하는 것이 아니라 잘못된 행동과 결정에 대해 명확하고 정당하게 문제를 제기해야 합니다. 성도들도 비판할 때는 감정적이거나 비인격적인 표현을 피하고, 말씀의 기준에 따라 진실하게 문제를 제기해야 합니다.

이제 "주의 종을 비판하면 저주가 임한다"는 잘못된 가르침을 강조하기보다는 성경적 비판과 사랑의 충고를 통해 교회를 더욱 건강하고 성숙하게 만들어야 합니다. 목회자와 성도가 함께 성경의 진리를 따르고, 서로를 겸손히 돌아보며 건강한 신앙생활을 유지할 때, 비로소 교회는 진정한 축복의 공동체로 거듭날 것입니다.

잘못된 권위에 복종하는 것이 아니라 성경 말씀을 기준으로 삼아 올바른 판단과 비판을 실천할 때 하나님께서 기뻐하시는 건강한 교회를 세워갈 수 있습니다. 성경적이고 건강한 비판은 교회를 더욱 아름답게 하며, 우리 모두를 예수 그리스도를 닮은 모습으로 성장시킬 것입니다.

'죄의 자백'으로
드러난 수치심

'죄의 자백'이라는 신앙 훈련을 할 때, 나는 이것이 신앙적으로 큰 의미가 있다고 생각했습니다.

> 그러므로 너희 죄를 서로 고백하며 병이 낫기를 위하여 서로 기도하라 의인의 간구는 역사하는 힘이 큼이니라
>
> _ 야고보서 5장 16절

이 성경 말씀을 보며 내가 다니는 교회에서 하는 훈련이 성경적인 실천이라고 믿었습니다. 솔직히 자기 잘못과 연약함을 드러내고 서로 위로하고 격려하는 과정에서 영적 성장이 이루어질 것을 기대했습니다.

그러나 시간이 흐르면서 이 '죄의 자백' 훈련이 처음의 기대

와는 달리 성도들에게 큰 상처와 고통을 준다는 것을 알게 되었습니다. 교회에서 공개적으로 죄를 자백하고 고백할 것을 강요받으면서 많은 성도가 극도로 수치심을 느끼고 마음에 상처를 입는 것을 보았습니다.

한 자매가 리더의 권면에 따라 소그룹에서 자신의 과거 잘못을 고백했습니다. 그런데 그 자매가 용기 내어 밝힌 죄를 누군가가 교회에 소문을 내버렸습니다. 소문이 빠르게 퍼져나가 그 자매는 자신이 속한 공동체에서 수치심을 느끼며 소외당했고, 교회에서도 정상적인 교제와 신앙생활을 할 수 없게 되었습니다. 성도들이 자신을 피하자 그 자매는 결국 교회를 떠나기로 결정했습니다.

한 형제는 자신의 중독 문제를 교회 리더에게 고백했습니다. 그 형제는 도움을 바라고 한 일인데, 교회 리더는 이를 공개적으로 회중 앞에서 간증 형식으로 고백하게 했습니다. 그렇게 형제는 많은 사람 앞에서 자신의 가장 부끄럽고 사적인 문제를 노출해야 했고, 이후 교회 성도들은 그를 위로하기보다는 부정적 시선으로 바라보고 비난도 서슴지 않았습니다. 형제는 더 이상 그 교회에서 신앙생활을 할 수 없었고, 이후 심한 우울증과 불안감에 시달렸습니다.

한 청년은 연애 문제로 고민하던 중 리더에게 조언을 구했습니다. 리더는 문제의 핵심을 파악한다며 청년의 사적인 연애 관계를 공동체 모임에서 공개적으로 말하고 비판했습니다. 청년은 그 일로 큰 수치심을 느꼈고, 친구들과의 관계에까지 심각한 문제가 생겼습니다. 그는 이후 타인과의 관계 형성에 어려움을 겪었고, 결국 교회를 떠나고 말았습니다.

안타까운 점은 이런 식으로 죄를 자백하는 일이 관행이 되어 버렸다는 사실입니다. 공개적으로 죄를 드러내지 않으면 진정한 회개와 신앙의 성장으로 인정받지 못한다는 위화감이 교회 안에 팽배했습니다. 성도들은 두려움을 느끼는 가운데 진정한 내면의 변화가 아닌 형식적 자백을 하고, 공개적으로 수치당하는 일을 반복했습니다.

공개적인 자백은 교회 안에서 가십과 비방을 확산시키는 통로가 되기도 했습니다. 사람들의 사적인 문제가 무분별하게 공개되고 비밀이 지켜지지 않으면서 신뢰는 무너졌습니다. 성도들은 서로를 향해 마음을 열기보다는 서로를 의심하고 경계하게 되었습니다. 결국 공동체의 신뢰와 사랑은 서서히 무너져갔습니다.

성경에서 말하는 죄의 고백은 서로를 비난하거나 정죄하기 위한 것이 아닙니다. 오히려 서로를 위로하고 격려하며, 그리스도의 사랑과 용서를 경험하도록 돕는 것입니다. 예수님께서는 죄를 범한 여인을 향해 "나도 너를 정죄하지 아니하노니 가서 다시는 죄를 범하지 말라"(요한복음 8:11)고 하시며, 용서와 회복의 본을 보이셨습니다.

성경은 사람들이 공개적인 자리에서 자신의 죄를 고백하는 것을 결코 권장하지 않습니다. 오히려 예수님은 "너희가 사람의 과실을 용서하면 너희 하늘 아버지께서도 너희 과실을 용서하시려니와"(마태복음 6:14)라는 말씀으로 개인적인 용서를 권장하셨습니다. 자백은 하나님 앞에서 진실한 마음으로 행하며, 개인의 내면적 치유와 변화를 위한 것입니다.

무엇보다 죄의 자백은 사람들이 아니라 하나님 앞에서 이루어져야 합니다. 성경은 "만일 우리가 우리 죄를 자백하면 그는 미쁘시고 의로우사 우리 죄를 사하시며 우리를 모든 불의에서 깨끗하게 하실 것이요"(요한일서 1:9)라고 말씀합니다. 이는 죄의 고백이 하나님과의 개인적 관계에서 진실하고 진정성 있게 이루어져야 함을 의미합니다. 물론 신뢰할 수 있는 성도나 목회자에게 죄를 나누고 도움을 받는 것도 귀한 일이지만, 반드시 공개적으로 모든 사람 앞에서 죄를 고백해야 한다는 성경적 근거는 없습니다.

예수님께서는 기도할 때 골방에 들어가 은밀하게 아버지께 기도하라고 하셨습니다(마태복음 6:6). 마찬가지로 죄의 고백 또한 하나님 앞에서 진실하게 행할 때 비로소 참된 회개와 변화가 일어날 수 있습니다. 교회는 이러한 성경적 진리를 회복하고, 죄의 자백을 통해 성도들이 수치심이 아니라 치유와 회복을 경험할 수 있게 해야 합니다.

우리가 성경에서 본받아야 하는 회개의 주인공은 다윗입니다. 다윗은 자신의 죄를 하나님 앞에 솔직히 드러내며 "내가 주께만 범죄하여 주의 목전에 악을 행하였사오니"(시편 51:4)라고 자백합니다. 그의 회개는 하나님과의 개인적이고 깊은 관계 안에서 이루어졌으며, 하나님께서는 다윗의 진실한 고백을 받으시고 그를 회복시키셨습니다.

공개적인 죄의 자백을 통해 성도들을 수치스럽게 만드는 관행은 오히려 교회 공동체의 영적 건강을 해치는 결과를 가져옵니다. 자백과 회개는 사랑과 용서의 분위기에서만 가능합니다. 공동체가 개인의 죄에 대해 비난과 정죄의 분위기를 형성하는 것이 아니라 상처받은 이들을 위로하고 회복시키는 성숙한 모습을 보여주어야 합니다.

교회는 죄를 드러내는 데 만족하는 곳이 아니라 죄로 상처입은 영혼들을 그리스도의 사랑으로 품고 회복시키는 곳이어야 합니다. 교회가 이런 성숙함을 보일 때 성도들은 두려움 없이 자백과 회개를 통해 신앙의 성숙을 경험할 것입니다.

교회가 사랑과 용서를 실천할 때 죄의 자백은 더 이상 수치와 고통이 아니라 회복과 성장의 아름다운 과정이 될 수 있습니다. 서로를 존중하고 보호하며, 개인의 내밀한 문제를 해결하도록 진심으로 돕는 교회 공동체가 되어야 합니다. 이것이 진정한 그리스도의 사랑이며, 교회의 본래 모습일 것입니다.

잘못된 '자기 부인'의 신앙
- 맹목적 복종의 위험성

신앙생활을 하면서 '자기 부인'이라는 말이 내게 중요한 의미로 다가왔습니다. 예수님께서 "누구든지 나를 따라오려거든 자기를 부인하고 자기 십자가를 지고 나를 따를 것이니라"(마태복음 16:24)라고 말씀하셨기 때문입니다. 나는 이 말씀이 신앙의 길에서 개인적 욕심과 이기심, 그리고 세상적 욕망을 내려놓고 오직 하나님의 뜻을 따르는 삶을 의미한다고 받아들였습니다. 이것이야말로 신앙의 본질이며, 내가 추구해야 할 삶의 방향이라고 생각했습니다.

그런데 교회에서 나는 자기 부인의 의미가 왜곡되어 강압적이고 맹목적인 복종으로 변질되는 것을 경험했습니다. 교회 목회자와 리더가 자기 부인을 강조하면서 성도 개개인의 감정이나 의견, 심지어 양심과 판단력마저 억압하고 무조건적 복종을 강요하는 상황이 벌어진 것입니다. 그 결과 교회 안에서 개인의 인격과 사고가 억압당하고 성도들이 무기력과 두려움 속에서 살아가는 모습을 자주 보게 되었습니다.

한 자매는 자신이 품고 있던 개인적 비전을 포기하라는 권면을 받았습니다. 그 자매에게는 오래전부터 꿈꾸어온 직업과 삶의 목표가 있었지만, 교회 리더는 그것이 하나님의 뜻에 맞지 않는다며 포기할 것을 강요했습니다. 결국 그 자매는 리더의 권면에 따라 꿈을 접었고, 이후 삶의 방향을 잃은 채 우울과 좌절 속에서 방황하게 되었습니다.

한 형제는 건강이 좋지 않은데도 교회에서 요구하는 과도한 봉사와 헌신을 거절하지 못했습니다. 교회 지도자들은 그의 건강 상태는 아랑곳하지 않고 "자기 부인에는 몸과 마음의 희생까지 포함된다"고 가르쳤습니다. 결국 그 형제는 심각한 신체적·정신적 문제에 직면하게 되었고, 이를 회복하기까지는 시간이 오래 걸렸습니다.

성도들은 교회에서 진행하는 훈련이나 프로그램에는 전적으로 참여해야 한다는 강요에 부딪혔습니다. 자신의 일정과 상황에 관계없이 교회의 결정에 무조건 따라야 한다는 분위기가 조성되었고, 이에 조금이라도 반대하거나 다른 의견을 내면 "자기 부인이 부족하다"거나 "믿음이 없다"거나 "불순종이다"

라는 비난을 받았습니다. 이런 분위기 속에서 성도들은 자기 생각과 판단력을 잃어버린 채 목회자의 지시에 맹목적으로 따르게 되었습니다.

나는 교회의 사역과 훈련을 감당하기 위해 직장을 그만두라는 강요를 받은 성도를 알고 있습니다. 교회 지도자들은 그에게 "자기 부인을 통해 세속적인 직장까지 포기하는 것이 진정한 믿음의 증거"라고 가르쳤습니다. 결국 그 성도는 안정적 직장을 포기했고, 이후 경제적 어려움을 겪으며 오랜 시간 삶의 방향을 잃고 방황했습니다.

한편, 자기 부인이라는 표현을 왜곡해서 개인의 사생활과 가족관계까지 침범한 사례도 있습니다. 교회 리더가 한 자매에게 가정의 중요한 결정을 내릴 때도 교회의 허락과 승인을 받아야 한다고 강요했습니다. 그래서 자매는 가정에서 자유롭고 독립적인 결정을 내리지 못했고, 그로 인해 가족관계에 심각한 갈등과 혼란이 발생했습니다.

이렇게 가정 내 불화와 갈등이 심각한데도 교회 리더들은 무조건 교회의 훈련과 사역이 가정보다 우선이라고 강조했습니다. 어느 가정은 이 문제로 가족이 서로 멀어져 화목했던 가정은 갈등과 상처로 깨져버렸습니다. 그 과정에서 가장 힘든 쪽은 아이들이었습니다. 아이들은 부모의 신앙생활로 인해 큰 상처를 입었습니다.

잘못된 자기 부인의 신앙이 일으킨 가장 심각한 문제는 성도들이 자신의 판단력과 양심, 그리고 하나님과의 인격적 관계를 잃어버리게 된다는 것입니다. 진정한 자기 부인은 결코 개인의 생각과 판단, 양심을 포기하는 것이 아닙니다. 하나님은 우리를 인격적 존재로 창조하셨고, 자유로운 의지와 판단력을 통해 하나님의 뜻을 분별하고 따르게 하셨습니다. 성경이 가르치는 자기 부인은 이기심과 욕심, 교만함을 내려놓고 하나님께서 주신 말씀과 성령의 인도하심을 따라 겸손히 살아가는 것입니다. 이는 맹목적이거나 무조건적인 복종이 아니라 기도와 묵상, 말씀을 통한 분별력을 바탕으로 이루어져야 합니다.

"진리를 알지니 진리가 너희를 자유롭게 하리라"(요한복음 8:32)라는 예수님의 말씀에서 진정한 신앙생활은 억압과 두려움 속에서 이루어지지 않음을 알 수 있습니다. 하나님이 원하시는 것은 하나님을 향한 기쁨과 자발적 순종이지 인간의 권위 아래 이루어지는 맹목적 복종이 아닙니다.

사도 바울도 "너희가 자유를 위하여 부르심을 입었으나 그러나 그 자유로 육체의 기회를 삼지 말고 오직 사랑으로 서로 종 노릇 하라"(갈라디아서 5:13)고 권면합니다. 이것은 자유 안에서 자발적으로 이웃을 섬기고 사랑하는 삶을 말합니다. 강제적이고 맹목적인 복종을 의미하는 것이 결코 아닙니다.

이제는 왜곡된 자기 부인에서 벗어나야 합니다. 자기 부인은 성령의 인도하심 가운데 하나님을 향한 사랑과 순종으로 이루어집니다. 교회 공동체는 성도들이 인격적으로 존중받고, 하나님 앞에서 생각하고 판단하며, 하나님의 뜻을 따를 수 있도록 도와야 합니다. 또한 교회 리더들도 하나님께서 주신 권위를 남용해 성도들을 통제하거나 압박하는 일 없이 사랑과 겸손의 마음으로 섬기며, 성도들이 신앙 안에서 바른 선택을 할 수 있게 도와야 합니다. 이것이 진정한 목회자의 역할입니다.

맹목적 복종이 아니라 건강한 자기 부인.

바로 우리가 추구해야 할 참된 신앙의 모습입니다.

강압적 기도 훈련이 남긴
영적 상처

　기도 훈련은 신앙의 성장에 필수적인 과정입니다. 특히 새해가 되면 교회에서는 한 달간 매일 밤 철야기도를 진행했는데, 이는 성도들의 신앙심과 헌신을 시험하는 기간이기도 했습니다. 당시에는 그것을 하나님께 더욱 가까이 다가가는 귀한 기회라고 여겼지만, 시간이 흐르면서 이러한 훈련 방식에 심각한 문제가 있음을 깨닫게 되었습니다.

　기도 훈련은 단순히 기도하는 행위만으로 끝나는 것이 아닙니다. 교회 리더는 기도할 때 반드시 정해진 방식을 따를 것을 요구했습니다. 기도할 때는 목소리를 최대한 크게 내어 방언으로 기도해야 했고, 손을 높이 들어 올린 상태에서 반드시 무릎을 꿇어야 했습니다. 이러한 기도 방식은 성도들을 매우 힘든 상황으로 몰아갔습니다. 만약 목소리가 작아지거나 손이 내려

오거나 무릎이 풀리면, 그 사람은 즉시 본당 기도실에서 쫓겨나는 수모를 겪었습니다.

나는 이런 압박 속에서 몇 시간이나 무릎을 꿇고 방언으로 기도하며, 무엇을 위해 기도하는지조차 알 수 없는 혼란 속에 있었습니다. 오직 육신의 피로와 싸우며 끝까지 버티는 것이 목적이었고, 이렇게 버티는 자신을 '영적 전투에서 승리한 신앙인'이라 자부했습니다. 그러나 실제로는 영적 성장이 아니라 육체적·정신적인 고통만 쌓여가고 있었습니다.

기도 훈련의 또 다른 문제점은 성도들 간에 경쟁과 비교를 조장하는 방식이었습니다. 목회자를 위한 기도 모임에서는 성도들이 조를 나누어 각자가 매일 기도한 시간을 기록하고, 일주일 동안 합산한 시간을 공개적으로 발표하게 했습니다. 이때 기도 시간이 적은 조는 리더에게 "육신에 지고 영적으로 실패했다"는 면박과 질책을 공개적으로 들어야 했습니다. 성도들은 그런 수치를 당하지 않기 위해 억지로라도 더 많은 시간을 기도하려고 애썼습니다. 이는 진정한 기도 생활이 아니라 그저 경쟁과 압박의 시간이었을 뿐입니다.

연말이 되면 기도 시간을 모두 더하고 순위를 매겨 시상식을 했습니다. 시상식에서 상을 받는 사람에게는 목회자의 친필 서명과 글씨가 담긴 책이 상으로 주어졌고, 성도들은 이것을 영광으로 여겼습니다. 하지만 이는 진정한 신앙의 성장이 아니라 성도들을 외적인 성과와 사람들의 인정에 집착하게 하는 원인이 되었습니다.

이렇게 이상한 기도 훈련 방식이 가능했던 이유는 목회자의 잘못된 성경 해석과 가르침 때문이었습니다. 목회자는 "자기 부인을 해야 한다", "자기 십자가를 져야 한다", "육신이 끊어져야 영이 산다"와 같은 말씀을 왜곡해서 성도들에게 강압적 헌신을 요구했습니다. 이렇게 왜곡된 말씀의 해석으로 성도들은 자기 판단력과 영적 분별력을 잃어버리고, 교회의 잘못된 지시에 맹목적으로 복종하게 되었습니다.

강압적인 기도 훈련이 계속될수록 성도들은 진정한 신앙생활과 기도의 의미를 잃었습니다. 기도가 하나님의 뜻을 구하고 그분과 친밀한 교제를 나누는 시간이 아니라, 목회자의 인정과 교회 안에서의 우위를 확보하기 위한 도구로 변질된 것입니다.

그렇게 강압적인 환경에서 기도할 때 하나님과의 관계가 친밀해지기는커녕 오히려 하나님이 너무 멀게만 느껴졌습니다. 기도 시간이 내게 기쁨과 평안을 주기보다는 두려움과 압박으로 다가왔습니다.

건강이 매우 나빠져 있던 한 성도는 철야기도에 참여하라는 강요를 받았습니다. 리더들은 건강 문제조차 "믿음이 부족한 탓"이라며 비난했고, 그는 리더들의 강요에 순종할 수밖에 없었습니다. 그렇게 무리를 한 탓에 그는 수개월이 지나서야 간신히 건강을 회복했습니다. 기도의 본질이 왜곡되면서 성도들의 건강과 삶까지 위협하는 상황이 벌어진 것입니다.

교회 리더들은 성도들의 개인적 상황과 가정 형편을 전혀 고려하지 않은 채 무조건적 참여를 요구했습니다. 한 자매는 어린 자녀들을 돌봐야 하는데도 "기도 훈련에 빠지면 영적으로 타락할 위험이 크다"는 교회 목회자들의 강한 압박에 시달렸습니다. 그 자매는 가정에서의 책임을 다하지 못한 결과 가정생활은 물론 신앙생활 속에서도 깊은 상처를 입었습니다.

교회에서는 기도 중에 나타나는 신비한 체험과 현상을 신앙 수준을 평가하는 기준으로 삼기도 했습니다. 이를 체험하지 못한 성도들은 스스로 열등하게 여기며 낙심했고, 결국 교회 안에서 영적 소외감을 느끼며 신앙에 회의를 품기 시작했습니다.

그런데 성경은 우리에게 다음과 같이 분명한 기도 원칙을 제시하고 있습니다.

첫째, 기도는 하나님의 주권에 대한 절대적 신뢰를 기반으로 합니다.

예수님께서 겟세마네 동산에서 기도하신 것처럼 우리의 뜻이 아니라 하나님의 뜻이 이루어지기를 간구하는 태도를 가지는 것입니다(마태복음 26:39). 기도는 하나님께 우리의 뜻을 강요하는 행위가 아니라 하나님의 뜻 앞에 자신을 내려놓는 행위입니다.

둘째, 우리의 기도는 기록된 하나님의 말씀에 근거해야 합니다.

감정이나 개인적 환상이나 음성에 의존하는 것이 아니라 시편, 주기도문과 같은 성경적 모범을 따라 기도해야 합니다. 하나님의 말씀에 따라 회개하고, 간구하고, 감사하는 기도가 진정한 기도의 모습입니다.

셋째, 삼위일체 하나님께 드리는 기도입니다.

우리는 그리스도를 통해 성령 안에서 성부 하나님께 기도합니다. 예수님의 이름으로 기도한다는 것은 단지 기도의 마무리에 붙이는 형식적 표현이 아니라 오직 그리스도의 공로를 의지하며 하나님 앞에 나아간다는 의미입니다.

넷째, 기도는 복음에 뿌리를 두어야 합니다.

우리의 기도는 하나님께 무엇인가를 얻어내기 위한 거래가 아니라 이미 복음 안에서 모든 은혜를 주신 하나님께 감사하며, 그 은혜를 더욱 풍성히 누리기 위한 것입니다. 이미 그리스도 안에서 받은 은혜를 기억하며 감사와 찬양을 드리는 것이 기도의 본질입니다.

마지막으로, 기도는 자기 중심이 아니라 하나님 중심이어야 합니다.

우리의 기도는 우리의 필요와 문제 해결만을 구하는 것이 아니라 하나님의 이름이 높임을 받고, 하나님의 나라가 임하며, 그분의 뜻이 온전히 이루어지길 간구하는 것입니다. 하나님의 영광이 기도의 모든 동기가 되어야 합니다.

예수님은 "너희는 기도할 때에 외식하는 자와 같이 하지 말라"(마태복음 6:5)라고 말씀하셨습니다. 기도는 사람들의 인정을 받으려는 행위가 아니라 하나님과의 진실한 교제임을 분명히 하신 것입니다. 기도는 타인과의 경쟁이나 비교 대상이 아니라 하나님 앞에 진실하고 겸손하게 나아가는 행위여야 합니다.

잘못된 기도 훈련에서 떠나 성경적인 기도의 원리를 회복해야 합니다. 하나님의 뜻에 온전히 순복하고, 말씀에 근거한 참된 기도를 통해 영적 성장을 이루어야 합니다. 이것이 성도의 삶이며, 참된 기도의 모습입니다.

기도는 우리의 영혼을 하나님께 향하게 하고, 그분의 임재 가운데 평안을 누리는 축복입니다. 성경적인 기도의 회복이 우리 교회와 개인의 신앙생활에서 이루어지기를 간절히 바랍니다.

결혼마저도 자유로울 수 없었던
신앙의 굴레

한 자매가 결혼과 관련해 교회에서 겪은 이야기입니다. 그 자매는 누구보다도 성실히 신앙생활을 했고, 하나님이 기뻐하시는 가정을 이루기 위해 늘 기도하며 준비했습니다. 하지만 자매는 교회 안에서 결혼이라는 인생의 중요한 결정을 자유롭게 선택할 수 없었습니다. 담임목사의 아내인 사모는 교회 안에서 강력한 권위를 가졌는데, 이 권위는 단지 목회자의 사모라는 지위 때문만은 아니었습니다.

그 사모는 해외에서 유명 집회 강사로 활동하며 여러 신비한 경험을 통해 사람들에게 '선지자'라는 직분을 얻었습니다. 사모가 뭔가를 보고 들었다고 말하면 많은 성도가 그것을 마치 하나님의 뜻같이 받아들였습니다. 교회가 이런 신비한 체험을 중시했기 때문에 사모의 말 한마디는 하나님의 직접적 계시로 여겨졌습니다. 사람들은 중요한 결정을 내릴 때면 반드시 사모의 지시를 받아야 했습니다.

앞서 말한 자매도 결혼할 나이가 되자 자신의 의사와 상관없이 결혼 상대와 결혼 시기를 사모의 결정에 따라야 했습니다. 자매의 부모 의견은 거의 무시되었고, 사모나 교회 리더들이 소개하는 형제들 가운데 선택해야 했습니다. '하나님의 뜻'이라고 하면 자매는 자신이 원치 않는 사람과도 교제하고 결혼을 추진해야 했습니다. 심지어 자매의 데이트 과정은 사모와 리더들에게 일일이 보고되었고, 데이트 기간이 조금이라도 길어지면 "음란의 영이 공격할 수 있다"며 서둘러 결혼 날짜를 잡으라고 강요했습니다.

교회 안에서는 이런 방식으로 한 달 만에 결혼이 결정되기도 했고, 대부분이 교제 3개월 이내에 결혼하는 분위기였습니다. 자매의 가까운 친구도 사모의 지시대로 마음에 안 드는 형제와 결혼했다가 교회를 떠난 뒤 결국 이혼했습니다. 하나님이 만드신 결혼이라는 소중한 제도가 교회 안에서 이렇게 인간의 권력과 잘못된 권위 아래서 강압적 구조로 전락해버린 것입니다.

사모는 자매에게도 두 번이나 직접 결혼을 주선했습니다. 하지만 이상하게도 성사가 되지 않았고, 자매는 '신앙이 부족한 사람' 취급을 받기까지 했습니다. 그러나 이제 와서 생각해보면 그 결혼이 성사되지 않은 것이 오히려 하나님의 은혜였다고 자매는 고백합니다. 자매는 교회에서 벗어난 뒤에야 자신이 겪은 일이 얼마나 잘못된 것인지 알 수 있었습니다. 자신이 경험한 강압적 결혼 결정이 하나님이 원하시는 바도 아니고, 성경에서 벗어난 심각한 오류였음을 알게 된 것입니다.

교회는 하나님을 대신해 개인의 결혼마저도 결정할 수 있다고 여겼습니다. 이것은 성도들의 개인적 삶의 권리를 빼앗는 결과를 낳았습니다. 성도들은 자신의 결혼과 같은 중요한 결정을 스스로 할 자유와 권리를 잃었고, 하나님과의 관계에서 그분의 인도하심과 확신을 얻는 대신 교회 목회자들과 리더의 결정에 전적으로 의존하게 되었습니다.

이렇게 잘못된 구조하에 결혼한 부부들은 시간이 지나면서 심각한 갈등과 불화를 겪었습니다. 어떤 부부는 애초부터 서로에 대한 충분한 이해와 사랑 없이 목회자의 말만 듣고 그 권위에 눌려 급히 결혼을 진행하고는 갈등 상황을 맞았습니다. 이 부부는 교회를 떠난 뒤 더 큰 아픔과 상처를 경험할 수밖에 없었습니다.

성경은 가정과 결혼의 중요성을 분명히 강조합니다. 하나님은 아담에게 하와를 주셨고, 그들은 서로를 사랑하며 자발적 헌신과 신뢰 속에서 하나가 되었습니다(창세기 2:24). 결혼은 하나님의 섭리 가운데 이루어지고, 서로의 자발적 선택과 깊은 사랑 위에 세워져야 합니다.

그런데 내가 다닌 교회에서는 결혼을 신앙의 척도로 삼았습니다. 결혼을 빨리 결정하지 못하는 사람에게는 믿음이 부족하다는 낙인을 찍었으며, 목회자와 리더들이 결혼 상대를 결정하는 방식이 신앙의 우월성을 나타내는 척도로 사용되었습니다. 성도들은 결혼을 스스로 결정하지 못하는 것을 영적 성숙의 증거인 것처럼 여기게 되었고, 개인의 주체성과 자유는 완전히 무시되었습니다.

이러한 방식은 결혼에만 국한되지 않고 성도들의 모든 결정과 선택의 영역으로까지 확장되었습니다. 성도들은 점점 더 교회 리더십에 의존하는 습관을 갖게 되었습니다. 그 결과 영적 자립심과 책임감을 잃고 교회의 잘못된 권위 아래서 완전히 무기력해지고 말았습니다.

결혼은 하나님께서 주신 자유로운 의지와 인격적 존중을 바탕으로 이루어져야 합니다. 서로에 대한 사랑과 존중이 깊어지고, 충분한 대화와 이해 속에서 이루어갈 때 건강한 결혼 관계가 성립합니다. 이것이 하나님이 기뻐하시는 참된 가정의 모습입니다.

교회는 성도들의 삶에 개입하고 통제하려 들 것이 아니라 성경의 원리 안에서 결정할 수 있도록 안내하고 도와야 합니다. 이것이 성숙한 신앙 공동체의 모습입니다. 또한 성경은 하나님의 말씀을 기준으로 판단하고 결정하라고 가르칩니다. 교회 지도자가 아무리 신비한 체험이나 권위를 주장해도 그것이 하나님의 말씀과 일치하지 않는다면 이를 수용해서는 안 됩니다.

말씀 안에서 바르고 성경적인 결혼관을 다시금 돌아보아야 합니다. 오직 하나님의 말씀과 사랑 안에서 건강한 신앙의 길을 걷는 것이 우리에게 주어진 축복이자 은혜일 것입니다. 하나님은 우리 삶의 모든 영역을 주관하는 분이시며, 하나님의 사랑과 말씀 위에 신앙과 인생을 온전히 세우는 사람은 평안과 자유를 경험하게 될 것입니다.

세상과 연결된
후원 세력 끊기

누구보다 순수하게 하나님을 사랑하고, 신앙 안에서 성숙한 사람이 되고자 하는 열망을 가진 한 자매가 있었습니다. 자매는 하나님 앞에서의 바른 삶을 추구했고, 교회 공동체와의 관계를 소중히 생각했으며, 주어진 삶 속에서 하나님의 뜻을 찾기 위해 최선을 다했습니다. 그랬던 자매의 삶이 이상한 방향으로 가기 시작한 것은 교회의 잘못된 신앙적 가르침 때문이었습니다.

교회에서는 신앙이 깊어지려면 반드시 세상과의 관계를 모두 끊어야 한다고 가르쳤습니다. 세상과 연결된 모든 것을 '후원 세력'이라는 이름으로 부르며, 그것이야말로 하나님과의 관계를 방해하는 마귀 세력이라고 했습니다. 교회는 이런 '후원 세력'을 끊기 위한 훈련이 반드시 필요하다고 강조했고, 혼자서는 절대로 성공할 수 없으니 반드시 공동체 생활을 해야 한다고 했습니다.

　교회 리더들은 그 자매를 포함한 여러 자매에게 교회 근방에 있는 합숙소에 들어가 살 것을 권했습니다. 합숙소라고 불리는 그곳에서 지내는 것이야말로 육적인 것을 버리고 영적인 사람이 되는 최적의 환경이라고 했습니다. 그래서 자매들은 세상의 유혹에서 벗어나 오직 교회에서 하나님이 원하시는 신앙 훈련을 하기 위해 합숙소 생활을 되었습니다.

　합숙소에 들어간 자매는 다소 충격적인 현실과 마주했습니다. 그곳은 작은 지하 단칸방이었는데, 곰팡이냄새가 코를 찌르는 최악의 환경이었습니다. 그렇게 열악한 합숙소에서 대여섯 명의 자매가 함께 지냈습니다. 교회 리더들은 그 불편하고 비위생적인 환경조차도 '육을 죽이고 영을 살리는 훈련'이라고 포장했습니다. 하지만 그곳에서 자매의 건강은 점점 악화되었습니다. 제대로 된 식사를 못 하고 휴식도 취하지 못한 채 무리한 교회 일정과 훈련을 감당하다 보니 만성기관지염과 빈혈에 시달려야 했습니다.

　합숙소 생활의 고통은 육체에만 영향을 미친 것이 아닙니다. 그곳에서는 가족관계까지 통제를 받았습니다. 부모님을 비롯한 가족을 만나는 것도 반드시 교회 리더의 허락을 얻어야만 가능했습니다. 그것도 설날이나 추석 같은 명절이 아니면 쉽게 허락되지 않았고, 평일에 가족을 꼭 만나야 할 일이 생기면 반드시 사전에 리더에게 허락을 받아야 했습니다. 사실상 가족과의 자유로운 소통과 만남이 금지된 것이나 마찬가지였습니다. 자매는 신앙이라는 이름으로 가족과의 관계를 스스로 단절해야 했습니다.

이 자매의 삶은 부자유하고 극도로 제한되었습니다. 그녀의 하루하루는 오직 교회와 직장, 그리고 좁은 합숙소 공간을 오가는 것이 전부였습니다. 자매가 품었던 꿈과 비전마저도 나날이 희미해졌습니다. 그녀는 사회복지사가 되겠다는 꿈을 가지고 열심히 준비했지만, 교회 측에서는 자기 계발과 미래 준비를 신앙적 미성숙으로 평가하며 자매를 세상의 유혹과 세력을 끊지 못한 사람으로 취급했습니다. 결국 자매는 삶의 목표와 꿈까지 내려놓아야 했습니다.

교회 목회자와 리더의 간섭은 직장을 선택하는 데까지 영향을 미쳤습니다. 직장 선택의 기준은 오직 교회와의 거리였습니다. 직장과 집이 교회에서 멀면 신앙적으로 온전하지 못한 사람이라며 눈치를 주었기 때문에 무조건 교회 근처에서 직장을 구해야만 했습니다. 직장에서 성공하거나 사회에서 인정받는 것은 아무 의미가 없고 오직 교회에 대한 충성심만이 삶의 유일한 평가 기준이 되었습니다.

그렇게 많은 교인의 삶이 교회의 통제 아래 있었고, 그들은 교회가 제시하는 기준에 자신을 맞추느라 하나님께서 주신 자유와 기쁨, 건강한 삶을 잃어버리고 말았습니다. 자매의 삶 또한 자신이 원하는 신앙의 모습과는 전혀 다른 방향으로 흘러갔습니다. 강압적 훈련과 잘못된 신앙의 가르침은 자매의 삶에 깊은 정신적·정서적 상처를 남겼습니다. 자매는 극도의 외로움과 우울감에 시달렸고, 교회의 잘못된 가르침이 자신의 삶을 파괴하고 있다는 것을 뒤늦게 깨달았습니다.

성경적 신앙은 세상과 완전히 단절하라고 가르치지 않습니다. 하나님께서는 우리를 세상에서 빛과 소금이 되도록 부르셨으며(마태복음 5:13~14), 세상 속에서 건강한 관계를 맺고, 복음을 증거하며 살아야 한다고 말하고 있습니다.

하나님이 원하시는 믿음은 자신을 세상과 고립시키는 것이 아니라 오히려 세상 속에서 하나님의 사랑과 진리를 드러내는 것입니다. 예수님도 세리, 죄인들과 함께 식사하시고 그들과 관계를 맺으시며 그 가운데 복음을 전하셨습니다. 신앙은 결코 사회적 관계를 끊어야 하는 것이 아닙니다. 오히려 그 사회 안에서 빛과 소금의 역할을 감당하며 살아가야 합니다.

자매는 교회를 벗어나고 나서야 신앙의 자유와 기쁨을 회복할 수 있었습니다. 자매는 과거의 상처를 극복하고, 지금은 가족과 친구들과의 관계를 다시 회복한 가운데 하나님께서 주신 자유와 평안을 누리고 있습니다.

교회는 성도들이 건강한 사회적 관계와 인간관계를 형성할 수 있도록 도와야 합니다. 세상과 단절하게 만드는 것이 아니라 세상 안에서 복음의 능력을 증거할 수 있도록 성도들을 양육해야 합니다. 이것이 성경이 우리에게 가르치는 바른 신앙의 모습입니다.

가계에 흐르는
저주는 없다

'가계에 흐르는 저주'라는 표현이 있습니다. 내가 아는 한 형제가 신앙생활을 하며 교회에서 배운 내용 중 하나가 바로 '가계에 흐르는 저주'였습니다. 목회자는 가족이나 조상들이 저지른 죄악이 오늘날까지 영향을 미쳐 그것이 개인의 삶에 저주로 이어진다고 가르쳤습니다. 처음 그 말을 들었을 때 형제는 몹시 혼란스러웠습니다. 하지만 목회자의 말을 신뢰했던 형제는 조상과 가계에 흐르는 죄를 철저히 회개하고, 가족의 잘못을 찾아서 회개하기 위해 부단히 노력했습니다.

형제는 부모님과 조부모님 세대까지 올라가며 가족의 죄와 허물을 조사하기 시작했습니다. 교회 목회자는 형제가 그렇게 가족의 과거를 샅샅이 뒤져 발견한 모든 문제를 '가계의 저주'와 관련지었습니다. 가족 중 누군가가 경제적으로 실패했다면 가난의 저주가 있다고 하고, 질병이 있으면 건강의 저주가, 부부간에 갈등이 있으면 결혼의 저주가 있다고 가르쳤습니다. 이에 영향을 받은 형제는 점점 자신과 가족의 불행을 가계의 저주로 돌리게 되었습니다.

이러한 목회자의 가르침은 형제에게 심각한 정신적 압박과 죄책감을 안겨주었습니다. 자신이 겪는 모든 문제가 가족과 조상들의 죄 때문에 생긴 것이라 믿었기 때문에 형제는 자신의 삶이 더 이상 나아질 수 없다는 절망감에 빠졌습니다. 그뿐만 아니라 가족 구성원 간에 서로를 정죄하고 탓하는 분위기가 형성되면서 가족관계는 갈등과 상처로 얼룩졌습니다.

이후 형제는 교회에서 진행하는 '가계 저주 끊기' 집회에 참석하기 시작했습니다. 집회에서는 특정한 기도 방식과 의식을 통해 가계의 저주를 끊을 수 있다고 강조했습니다. 형제는 그 집회에 참여할 때마다 가족의 죄를 거듭 회개했고, 심지어 자신이 알지도 못하는 조상들의 죄까지도 자기 죄로 여기며 눈물로 기도했습니다. 이러한 집회와 기도를 반복할수록 형제의 마음은 더 무겁고 고통스러웠습니다.

어느 날, 형제는 자신의 신앙생활에 큰 회의를 느끼게 되었습니다. 기도를 아무리 열심히 해도 삶에는 별로 변화가 없었고, 오히려 내면에는 더 깊은 죄책감과 절망만 남았습니다. 가족과 조상의 죄를 끊임없이 생각하다 보니 하나님의 사랑과 은혜를 풍족히 누리기는커녕 삶 전체가 부정적인 생각으로 가득했던 것입니다.

그때 형제는 성경을 다시금 깊이 묵상하기 시작했습니다. 성경은 분명히 "그런즉 누구든지 그리스도 안에 있으면 새로운 피조물이라 이전 것은 지나갔으니 보라 새 것이 되었도다"(고린도후서 5:17)라고 말하고 있었습니다. 이 말씀 앞에서 형제는 큰 충격을 받았고, 말씀을 새롭게 보게 되었습니다. 성경은 그리스도 안에서 모든 죄가 용서되고, 과거의 모든 죄악과 저주가 완전히 끊겼다고 선포하고 있었습니다.

에스겔 선지자의 다음 말씀도 형제에게 큰 위로가 되었습니다.

> 범죄하는 그 영혼은 죽을지라 아들은 아버지의 죄악을 담당하지 아니할 것이요 아버지는 아들의 죄악을 담당하지 아니하리니 의인의 공의도 자기에게로 돌아가고 악인의 악도 자기에게로 돌아가리라
>
> _ 에스겔 18장 20절

이 말씀을 통해 형제는 더 이상 가족이나 조상의 죄가 자신

에게 전가되지 않는다는 사실을 분명히 알았습니다. 성경은 각자가 자신의 행위에 따라 하나님 앞에서 책임을 지는 것이지 가계에 흐르는 저주란 존재하지 않는다고 분명히 알려주고 있습니다.

형제는 성경을 통해 진리를 확인하고는 자신이 그동안 얼마나 잘못된 가르침에 빠져 있었는지 깨닫고 깊이 반성했습니다. 교회의 잘못된 가르침으로 인해 불필요한 죄책감과 고통 속에 빠져 지내느라 오히려 하나님의 완전한 용서와 자유를 누리지 못했다는 것을 비로소 안 것입니다.

그가 성경에서 발견한 복음은 바로 예수 그리스도의 십자가였습니다. 예수 그리스도께서 십자가에서 흘리신 보혈로 모든 죄악과 저주가 완전히 끊겼으며, 예수님을 믿는 자는 어떤 저주와도 상관없이 새로운 피조물로 살아갈 수 있다는 진리를 그는 확실히 믿게 되었습니다.

형제는 더 이상 가계의 저주라는 이름으로 가족과 조상의 죄를 추적하거나 자신을 정죄하지 않았습니다. 오히려 자신과 가족이 오직 그리스도의 은혜 안에서 새로운 삶을 살아가야 한다고 믿었습니다. 하나님께서 그리스도 안에서 완전히 용서하셨다면 더 이상 과거의 죄와 허물을 기억하며 스스로 억압할 필요가 없기 때문입니다.

성경은 "그러므로 이제 그리스도 예수 안에 있는 자에게는 결코 정죄함이 없나니"(로마서 8:1)라고 말씀합니다. 형제는 이 말씀을 통해 다시는 가계의 저주라는 이름으로 자신을 정죄하지 않고, 오직 그리스도의 사랑과 용서 안에서 살아가기로 결심했습니다.

진정한 성경의 진리를 깨달은 뒤 형제의 삶에는 큰 변화가 일어났습니다. 그는 죄책감과 두려움에서 탈피했고, 가족 간의 화해와 용서를 통해 건강하고 행복하게 가정생활을 하게 되었습니다. 과거에 얽매이지 않고 하나님께 감사하며 기쁨의 삶을 회복한 것입니다.

교회는 성도들을 과거에 얽매이게 하거나 잘못된 신학적 가르침으로 억압해서는 안 됩니다. 교회가 성도들에게 전해야 할 메시지는 '가계에 흐르는 저주'가 아니라 '그리스도 안에서의 새 생명'이어야 합니다. 성경적 진리는 모든 사람이 오직 예수 그리스도를 통해 과거의 모든 죄악에서 해방되고, 새로운 삶으로 부르심을 받았다는 것입니다. 성경은 우리에게 끊임없이 과거가 아닌 현재와 미래의 소망을 바라보도록 권면합니다. 교회는 성도들이 그리스도의 십자가에서 이루어진 완전한 구속을 통해 진정한 자유와 기쁨을 누리게 해야 합니다.

가계에 흐르는 저주라는 잘못된 가르침을 거부하고 하나님의 말씀인 성경의 가르침으로 돌아올 때, 우리는 비로소 참된 자유와 기쁨을 경험할 수 있습니다. 하나님의 사랑과 용서는 과거의 어떤 죄악도 덮으시며, 우리를 온전한 새 피조물로 만드십니다. 이것이 우리가 기억해야 하는 유일한 성경적 진리입니다.

PART 2

내 신앙은 왜 그렇게 되어버렸을까

왜곡된 가르침에 사로잡힌 이유 돌아보기

체험이 곧
믿음인가?

나는 '체험'이 곧 믿음이라고 생각했습니다. 교회에서 눈물을 흘리며 기도하거나, 뜨거운 감정을 느끼는 순간이 많아질수록 내 신앙이 깊어지고 있다고 믿었습니다. 그래서 집회나 부흥회에 참석해 신비로운 체험을 하는 것이 곧 하나님과 친밀한 관계를 맺는 증거라고 생각하며 그런 체험을 추구하기 시작했습니다.

교회에서도 신앙의 성숙도를 평가할 때 얼마나 깊고 강렬한 체험을 했는지로 평가하는 분위기였습니다. 예배 도중에 쓰러지거나 방언이 터져나오는 일이 있으면 성도들 사이에서 신앙이 깊은 사람으로 인정받았고, 그러지 못한 사람들은 믿음이 부족한 것으로 간주했습니다. 나 또한 방언이나 환상, 음성을 듣는 것 같은 신비한 체험을 기대하고 사모했으며, 그러한 체험을 통해 믿음의 성장을 확인하고자 했습니다.

어느 날, 나는 교회 집회에서 특별한 체험을 하게 되었습니다. 강력한 감정의 물결이 밀려왔고, 온몸이 떨리고 눈물이 쏟아지면서 방언으로 기도하기 시작했습니다. 그 순간 나는 마치 하나님께서 나와 직접 대화하시는 듯한 느낌을 받았고, 이것이 바로 내가 기다리던 신앙의 증거라고 확신했습니다. 이후에도 나는 비슷한 체험을 반복하면서 그것이 내 믿음의 증거라고 믿고 살았습니다.

그런데 시간이 흐르면서 문제가 나타나기 시작했습니다. 체험이 없는 평범한 일상 예배나 기도가 지루하고 무의미하게 느껴졌습니다. 강렬한 체험이 없으면 하나님이 내 곁을 떠나신 것 같은 불안감에 사로잡혔고, 체험을 느끼지 못하는 사람들은 영적으로 미성숙한 사람이라고 단정했습니다. 나의 신앙은 하나님과의 관계가 아니라 오직 체험에만 매달리는 피상적 신앙으로 변질되었습니다.

교회는 이런 체험을 중시했습니다. 예배나 기도 모임에서 음성을 듣거나 특정한 신비적 현상이 나타나지 않으면 그 모임은 실패로 간주되었습니다. 그 결과 교회 내에서는 성령 체험을 인위적으로 만들어내기 위한 분위기가 조성되었고, 성도들은 억지로라도 체험하려고 몸부림쳤습니다.

그러한 분위기에서 한 자매는 방언을 받지 못했다는 이유로 계속 열등감을 느꼈습니다. 교회 리더들은 믿음이 부족해서 그런 체험을 못 하는 것이라고 압박했습니다. 결국 자매는 열등감 속에서 교회를 떠나게 되었고, 신앙 자체에도 회의를 품게 되었습니다.

한편, 체험이 강조될수록 교회 안에서는 체험 강도를 놓고 서로를 비교하고 평가하는 분위기가 조성되었습니다. 어떤 사람이 더 극적인 체험을 하면 그의 믿음이 더 좋다고 판단했고, 그런 체험을 하지 못한 사람은 믿음이 부족하다고 낙인찍혔습니다. 이렇게 성도들 사이에서 생겨난 불필요한 비교 의식과 경쟁심은 신앙 공동체를 분열과 갈등으로 이끌었습니다.

나는 더 강력하고 신비로운 체험, 더 자극적인 체험을 추구했고, 그 과정에서 이상한 환상이나 환청과 같은 비정상적 체험까지 하게 되었습니다. 나는 그것을 하나님으로부터 온 계시라고 믿으며 더 깊이 빠져들었습니다. 그런데 그런 체험이 반복될수록 나의 정신과 감정은 더욱 혼란스러워졌고, 결국 정상적인 신앙생활마저 위협받게 되었습니다.

그러던 어느 날, 나는 성경을 다시 묵상하기 시작했습니다. 성경은 분명히 "믿음은 들음에서 나며 들음은 그리스도의 말씀으로 말미암았느니라"(로마서 10:17)라고 가르치고 있었습니다. 이 말씀을 깊이 묵상하면서 나는 큰 충격을 받았습니다. 믿음은 감정적이거나 신비한 체험에서 비롯되는 것이 아니라 하나님의 말씀을 믿는 데서 오는 은혜의 선물임을 새롭게 깨달았기 때문입니다.

성경은 또한 믿음의 본질이 하나님의 약속을 신뢰하는 것임을 말합니다. 아브라함의 믿음이 의로 여겨진 것은 그가 하나님의 약속을 붙잡고 신뢰했기 때문입니다(로마서 4:20~22). 이것은 믿음의 본질이 개인의 감정이나 체험이 아니라 하나님께서 주신 말씀과 약속에 대한 확고한 믿음과 신뢰라는 것을 뜻합니다.

나는 비로소 내 신앙이 얼마나 잘못된 방향으로 흘러가고 있는지 깨달았습니다. 체험과 감정에만 의존했던 내 신앙은 하나님을 신뢰한 것도 아니고, 그분과 진정한 관계를 맺는 것도 아니었습니다. 오히려 그것은 신앙을 왜곡시키고 나를 하나님이 아닌 체험과 감정에만 매달리게 하는 위험한 길이었습니다.

나는 이 말씀을 새롭게 믿게 되면서 체험 중심의 신앙에서 벗어나기로 결단했습니다. 더 이상 감정이나 신비한 체험에 매달리지 않고, 하나님의 말씀을 깊이 묵상하며 그 말씀을 통해 하나님을 더 알아가기로 한 것입니다. 내가 의지해야 할 것은 나도 어쩌지 못하는 변덕스러운 감정과 체험이 아니라 영원히 변치 않는 하나님의 말씀이었습니다.

성경적 신앙은 결코 체험과 감정으로 이루어지는 것이 아닙니다. 물론 하나님과의 관계에서 깊은 감정과 기쁨을 경험할 수는 있지만, 그런 감정이 신앙의 본질이 되어서는 안 됩니다. 신앙의 본질은 언제나 말씀을 통해 하나님과 친밀한 관계를 맺고 그 말씀 따라 살아가는 것입니다.

체험 중심의 신앙은 신앙을 불안정하고 취약하게 만듭니다. 체험이 없으면 하나님과의 관계를 의심하고, 강렬한 감정이 사라지면 믿음이 흔들리기 때문입니다. 반면 말씀 중심의 신앙은 어떠한 상황에서도 변치 않는 견고한 믿음으로 우리를 인도합니다. 우리에게 필요한 것은 말씀이 믿어지는 체험의 은혜입니다.

나는 많은 사람이 잘못된 신앙의 길에서 벗어나기를 간절히 소망합니다. 체험과 감정에 기대지 않고 오직 말씀을 통해 하나님을 알아가고, 그분의 신실한 약속을 믿으며 바른 신앙의 길로 가기를 바랍니다.

이제 나는 말씀 위에 세워진 견고한 신앙으로 살아갑니다. 오직 하나님의 변치 않는 진리를 붙잡고 살아가는 것이야말로 진정한 믿음임을 확신하고 있습니다.

울지 않으면
은혜도 없는가?

　나는 눈물이 신앙의 깊이를 알 수 있는 척도라고 생각했습니다. 교회에서 예배나 기도 시간에 눈물 흘리는 사람들을 보면, 그들이야말로 하나님과 친밀한 관계라고 생각했습니다. 눈물이 많을수록 하나님을 더욱 사랑하고 더 큰 은혜를 받은 사람이라고 생각한 것입니다.

　교회에서도 예배 중에 소리 내어 울거나 눈물 흘리는 성도들이 많이 보였습니다. 특히 기도 모임이나 부흥회에서 눈물 흘리며 회개하거나 간절히 부르짖는 사람을 보면 나도 그런 체험을 해야만 참된 신앙인이 될 수 있다고 생각했습니다. 어느 순간부터 나는 예배 때마다 어떻게든 울기 위해 스스로 감정을 끌어올렸고, 눈물을 흘리지 않은 예배는 실패로 간주하기 시작했습니다.

어느 날 교회 집회에 참석했는데, 주위의 많은 성도가 뜨겁게 울며 기도하고 있었습니다. 그런데 그날은 유독 아무런 감정도 느껴지지 않았습니다. 눈물도 나오지 않았고, 심지어 마음조차 메말라 있었습니다. 나는 당황스러웠고, 하나님이 나를 떠나신 게 아닌가 하는 두려움에 사로잡혔습니다. 그 집회가 끝난 뒤, 나는 은혜를 받지 못한 것 같다는 절망감과 죄책감을 느꼈습니다.

그날 이후 교회에 갈 때마다 '반드시 눈물을 흘려야만 은혜 받은 것'이라는 강박관념에 시달렸습니다. 주변에서 우는 성도를 보면 더욱더 위축되면서 눈물이 나지 않는다는 이유로 영적 열등감에 시달렸습니다. 예배가 끝나고 나면 매번 죄책감과 불안감이 찾아왔고, 나는 하나님과의 관계마저 의심하게 되었습니다.

하지만 시간이 흐르면서 나는 하나님이 허락하시는 눈물이 무엇인지 다시금 생각하게 되었습니다. 하나님 앞에서 흘리는 눈물은 너무나 귀합니다. 말씀을 듣고 깊이 감동해서 눈물이 나기도 하고, 자신의 죄를 진심으로 회개하며 흘리는 눈물도 있습니다. 때로는 하나님의 사랑과 은혜가 너무도 크고 놀라워 감격의 눈물을 흘리기도 합니다. 이런 눈물은 진정 성령의 역사이며, 매우 귀중한 은혜임을 인정합니다.

실제로 성경에도 많은 인물이 하나님 앞에서 눈물 흘리며 기도하고 회개하는 장면이 나옵니다. 다윗은 죄를 회개하며 침상을 눈물로 적셨고(시편 6:6), 예레미야 선지자는 자기 민족을 위해 애통해하며 눈물을 흘렸습니다(예레미야애가 1:16). 심지어 예수님께서도 예루살렘을 바라보며 눈물을 흘리셨으며(누가복음 19:41), 인간의 슬픔과 고통 앞에서 우셨습니다(요한복음 11:35). 눈물 자체는 결코 부정적인 것이 아니고, 하나님과의 진실한 관계에서 자연스럽게 나오는 귀한 열매일 수 있습니다.

그러나 중요한 것은 눈물 그 자체가 아니라 그 눈물이 진실한 마음에서 비롯된 것이냐입니다. 하나님께서 원하시는 것은 만들어낸 눈물이 아니라 우리 마음에서 우러나오는 진실함입니다. 눈물을 흘리는 그 순간뿐 아니라 삶 전체가 말씀 앞에서 진실하고 겸손한 것이 더 중요합니다.

때때로 감정이 메마른 시기를 보낼 수도 있지만, 그런 시기에도 하나님의 은혜는 변함이 없습니다. 신앙의 깊이가 항상 눈물과 비례하는 것은 아니며, 감정이 메마른 순간에도 하나님은 우리의 삶에 동일하게 역사하십니다. 하나님께서는 우리의 감정이나 눈물의 양이 아니라 우리 마음의 중심을 보십니다.

나는 어느 순간부터 신앙의 초점이 잘못된 곳에 맞춰져 있음을 알았습니다. 진정한 은혜와 믿음은 감정이나 눈물로 평가될

수 없고, 오히려 믿음은 하나님과의 지속적이고 성숙한 관계 속에서 나타난다는 것을 깨닫게 되었습니다.

눈물이 없어도 하나님의 은혜는 항상 존재하며, 때로는 그분의 은혜에 깊이 감동해서 자연스럽게 눈물을 흘릴 때도 있습니다. 하나님은 우리가 인위적으로 만들어내는 눈물을 원치 않으십니다. 하나님이 원하시는 것은 우리가 진실한 마음으로 그분 앞에 나아가는 것이며, 진심으로 말씀을 받아들이고 순종하는 것입니다.

성경은 여러 인물의 다양한 신앙 모습을 보여줍니다. 다윗은 시편에서 깊은 슬픔과 탄식을 표현하기도 했지만, 한편으로는 기쁨과 감사의 찬송을 올려드리기도 했습니다. 다윗의 신앙은 눈물의 양이 아니라 하나님을 향한 신뢰와 진실함으로 평가되었습니다. 바울 또한 많은 고난 속에서도 "항상 기뻐하라"(데살로니가전서 5:16)라고 가르치며, 감정이 아닌 믿음으로 하나님께 나아갈 것을 강조했습니다.

예수님도 우리의 신앙을 눈물의 양이나 감정으로 평가하지 않으셨습니다. 오히려 예수님이 강조하신 것은 믿음의 진실성과 마음의 상태였습니다. 가난한 과부의 두 렙돈을 귀히 여기신 예수님은 외적 행위나 감정의 과시가 아니라 진실한 마음의 헌신과 신뢰를 귀히 여기셨습니다(누가복음 21:1~4).

나는 다시 성경으로 돌아가 참된 믿음의 의미를 찾게 되었습니다. 이후로는 예배에서 눈물이 나면 하나님께 감사와 기쁨으로 눈물을 흘리고, 눈물이 나지 않을 때도 믿음과 감사의 마음으로 예배드리게 되었습니다. 이제 나는 감정의 유무가 아니라 하나님을 향한 진실한 마음과 말씀에 기초한 삶이 중요함을 깨닫고 이를 기준으로 살아갑니다.

신앙의 감정주의는 우리를 불안정하게 하기 쉽습니다. 감정이 사라지면 하나님과의 관계마저 흔들릴 위험이 있습니다. 그러므로 진정한 신앙은 언제나 변치 않는 하나님의 말씀 위에 세워져야 합니다. 감정과 상황이 아무리 변해도 하나님의 말씀은 결코 변치 않기 때문입니다.

하나님은 우리의 신앙을 눈물의 양이나 감정의 강도로 판단하지 않으시고, 우리가 진실한 마음으로 말씀을 따르며 살아가기를 원하십니다. 때로는 깊은 감동과 눈물을 허락하시고, 때로는 평온하고 잔잔한 믿음을 주십니다. 모두가 하나님이 주시는 귀한 은혜입니다.

오늘날 많은 성도가 잘못된 기준으로 자신의 신앙을 평가하는 오류에 빠집니다. 교회는 성도들이 이런 잘못된 기준을 버리고 오직 말씀에 기초해서 흔들림 없이 믿음을 세워나가도록 인도해야 합니다.

하나님께서는 우리의 신앙이 말씀 위에서 성숙해지기를 원하십니다. 말씀에 감동해 흘리는 눈물이든 조용한 묵상이든 모두 하나님이 우리에게 주시는 귀한 은혜입니다.

땅을 밟으며
기도해야 하는가?

한때 '땅 밟기 기도'라는 것을 중요하게 생각했던 적이 있습니다. 교회에서 하는 "땅을 밟고 기도하면 그 땅이 거룩해지고 영적 권세가 확장된다"는 말에 깊이 공감했기 때문입니다. 교회 주변이나 지역 곳곳을 걸어 다니며 기도하는 행위가 특별한 영적 능력을 발휘한다는 가르침에 따라 나는 교회 성도들과 함께 자주 지역의 거리를 걸으며 기도했습니다.

교회에서는 특정 장소를 방문해 기도하면 그 지역을 묶고 있던 영적 어둠이 깨지고, 복음이 더 빠르게 확산된다고 가르쳤습니다. 우상을 세워놓은 곳이나 다른 종교 시설을 지나갈 때는 특히 더 뜨겁게 기도하고, 그 장소의 영적 권세를 파괴하기 위해 영적 전쟁 기도를 해야 한다고 했습니다.

나도 그 당시에는 이것이 강력한 영적 전쟁의 한 방법이라고 믿었습니다. 특정 장소에서 기도하면 그 장소의 악하고 부정적인 영적 세력이 무너지고 더 많은 사람이 복음을 받아들일 수 있게 된다고 생각해서 나는 더욱 열심히 '땅 밟기 기도'를 했습니다.

지역의 상가나 학교, 공공기관 앞에서 성도들과 손을 잡고 뜨겁게 기도했습니다. 특별한 장소에 가면 더욱 능력 있는 기도를 드릴 수 있다고 여겨 일부러 우상 앞이나 다른 종교의 사원 앞에서 영적 전쟁 기도를 하기도 했습니다. 나는 그것이 하나님께서 기뻐하시는 담대한 믿음의 행동이라고 믿었습니다.

하지만 시간이 지날수록 땅 밟기 기도에 대해 의문이 생겼습니다. 특정 땅을 밟으면서 기도하는 것이 정말 성경적 근거가 있는 말인가 하는 의구심이 생긴 것입니다.

'정말로 우리가 특정한 장소에 가서 기도해야만 그 장소가 영적으로 깨끗해지고 하나님의 역사가 일어나는 걸까?'

나는 의문을 품고 다시 성경을 펼쳐보았습니다. 성경은 분명히 하나님께서 모든 곳에 편재하시며, 어느 장소에서도 기도를 들으시고 응답하신다고 말씀합니다. 예수님은 "너희가 이 산에서도 말고 예루살렘에서도 말고, 영과 진정으로 예배할 때가 오나니 곧 이 때라"(요한복음 4:21, 4:23)라고 말씀하시며, 특정한 장소나 형식보다는 우리의 진실한 마음과 믿음으로 기도하는 것이 더 중요하다고 강조하셨습니다.

성경을 깊이 묵상하면서 나는 본질적 문제를 고민해보았습니다. 하나님은 장소나 특정 행동에 구속되시지 않습니다. 우리가 특정한 장소에서 땅을 밟으며 기도한다고 해서 하나님의 능력이 더욱 커지거나 작아지는 것은 아니라는 말입니다. 성경이 강조하는 것은 우리의 진실한 믿음과 하나님을 향한 순전한 마음이지 결코 장소나 특별한 의식이 아닙니다.

바울 사도도 장소와 형식에 얽매이지 않고 늘 모든 곳에서 기도하며 하나님께 나아갔습니다. 그는 감옥 안에서도 찬송하고 기도했으며 길 위에서도, 배 위에서도, 심지어 이방인 도시에서도 복음을 전하고 기도했습니다. 바울에게 중요한 것은 어떤 장소가 아니라 언제나 그리스도 안에서 믿음으로 드리는 기도였습니다.

또한 성경 어디를 보아도 땅을 밟는 행위에 특별한 영적 권위나 능력을 부여한 내용이 나오지 않습니다. 기도는 하나님과의 인격적 관계이며, 하나님이 우리의 믿음을 보시고 역사하시는 것입니다. 땅을 밟으며 기도해야만 특정한 영적 권세가 무너진다는 말은 인간적 생각과 신비주의적 가르침에서 비롯된 것입니다.

물론 우리가 지역을 위해 기도하는 것은 매우 귀한 일입니다. 지역 사회의 회복과 복음 전파를 위한 기도는 하나님이 기뻐하십니다. 하지만 그것이 특정 장소를 밟아야만 이루어지는 것은 아닙니다. 어디서든 믿음으로 기도할 때 하나님은 그 기도를 들으시고 역사하십니다.

우리가 믿음으로 진실한 기도를 드리는 것과는 별개로 특정 장소에서 영적 전쟁을 벌이듯 기도하는 행동은 불필요한 갈등이나 오해를 불러오기 쉽습니다. 특정 장소 앞에서 강한 어조로 영적 싸움을 선포하는 행위가 오히려 복음의 문을 닫고 전도에 방해가 되기도 합니다.

나는 이제 '땅 밟기 기도'의 잘못된 관념에서 벗어나 성경이 말하는 바른 기도를 회복하게 되었습니다. 기도의 본질은 장소나 형식이 아니라 하나님을 향한 진실한 믿음과 신뢰라는 것을 알았기 때문입니다. 특별한 장소가 아닌 삶의 모든 자리에서 하나님을 향한 믿음과 겸손으로 기도할 때 하나님이 기뻐하시고 응답하실 것입니다.

나는 길을 걷거나 어느 지역을 지나갈 때 마음속으로 그 땅을 위해 기도합니다. 하지만 이제는 땅을 밟는 행위에 영적 의미를 부여하거나 특정 장소에서만 영적 승리가 이루어진다는 잘못된 믿음으로 기도하지 않습니다. 이제 나는 기도의 능력은 오직 하나님께 있으며, 장소가 아니라 믿음 안에 있음을 굳게 믿습니다.

성경은 "쉬지 말고 기도하라"(데살로니가전서 5:17)고 분명히 말합니다. 이 말씀은 우리가 언제 어디서나 항상 기도하며 하나님께 나아갈 수 있음을 가르쳐줍니다. 우리의 기도가 하나님께 닿는 이유는 특별한 장소나 행위가 아니라 오직 예수 그리스도를 통한 믿음 때문입니다.

나는 성경적 기도의 본질을 깨달은 뒤로는 기도할 때 더 이상 장소와 형식에 구속되지 않고 어디서나 자유롭게 하나님께 나아갑니다. 기도는 장소가 아니라 마음의 문제인 것을 알기 때문입니다. 우리가 하나님을 온전히 신뢰하며 말씀의 약속을 붙잡고 언제 어디서든 진실한 믿음으로 기도할 때, 하나님이 기쁘게 우리의 기도를 들으시고 역사하실 것을 믿습니다.

하나님은 교회만 보호하시고
세상은 마귀가 지배하는가?

"교회는 하나님께서 보호하시는 거룩한 장소이며, 교회 밖 세상은 마귀가 지배하는 곳이다."

내가 속했던 교회에서는 자주 이런 말을 했습니다. 처음 이 말을 들었을 때 나는 무척 두려웠습니다. 교회라는 안전한 공간에서 벗어나면 곧바로 마귀의 공격을 받거나 영적으로 타락하게 될 것만 같았기 때문입니다.

교회에서 그렇게 배웠기 때문에 나는 늘 두려움과 긴장 속에서 살았습니다. 교회 안에서의 생활은 하나님께 보호받는 시간으로 안전하게 느꼈지만, 직장이나 학교 그리고 일반 사회에서의 생활은 마치 마귀의 영역에서 보내는 시간처럼 두렵기만 했습니다. 그래서 교회 밖에 나갈 때는 늘 긴장하고 경계하며 기도를 멈추지 않았고, 세상과의 관계도 최소화하려고 노력했습니다. 그것이 하나님이 원하시는 성결한 삶이라고 믿었습니다.

하지만 시간이 지날수록 그 가르침은 내 삶을 점점 더 분리시키고 비정상적 신앙으로 몰아갔습니다. 직장 동료나 친구들과 자연스럽게 교제하는 것조차 부담스러워하고, 세상과의 모든 연결점을 마귀에게 노출된 위험한 통로로 여겼기 때문입니다. 결국 나는 철저히 고립되고 말았습니다.

뭔가 잘못되었다는 생각에 성경을 진지하게 묵상하게 되었고, 그 가르침이 얼마나 성경에서 벗어난 것인지 깨닫게 되었습니다. 성경은 세상 전체가 마귀의 지배 아래 있으며, 오직 교회만 하나님이 보호하시는 거룩한 장소라고 가르치지 않습니다. 오히려 성경은 "땅과 거기에 충만한 것과 세계와 그 가운데 사는 자들은 다 여호와의 것이로다"(시편 24:1)라고 말씀합니다. 하나님께서는 교회뿐만 아니라 세상 모든 것을 다스리시며, 그분의 주권과 섭리에서 벗어난 영역은 존재하지 않습니다. 비록 이 세상에는 죄악과 악한 영향력이 존재하지만, 그것이 하나님의 절대적 주권을 침해하거나 제한할 수는 없습니다.

물론 성경은 이 세상이 악한 자 안에 처해 있다고 말하기도 합니다(요한일서 5:19). 세상에는 죄와 악의 영향력이 존재하며 마귀도 활동하고 있습니다. 하지만 이것은 결코 세상이 마귀에게 완전히 넘어갔다거나 하나님이 보호하시는 영역이 오직 교회뿐이라는 의미는 아닙니다. 오히려 성경은 하나님의 주권적 통치가 온 세상에 미치고 있음을 분명히 가르치고 있습니다.

하나님은 교회뿐 아니라 세상에서도 믿는 자들과 함께하시며 보호하십니다. 성도들의 모든 삶의 영역, 직장과 학교, 가정과 사회 어느 곳에서나 하나님이 함께하시며 돌보십니다. 하나님의 은혜와 보호는 특정 장소나 공간에 국한되지 않고, 그분의 백성이 있는 모든 곳에서 동일하게 역사하십니다.

예수님이 제자들을 위해 이런 기도를 하셨습니다.

> 내가 비옵는 것은 그들을 세상에서 데려가시기를 위함이 아니요 다만 악에 빠지지 않게 보전하시기를 위함이니이다
>
> _ 요한복음 17장 15절

이는 우리가 세상 안에 있으면서도 하나님의 보호와 인도하심을 받으며 살아갈 수 있음을 분명히 하신 말씀입니다.

또한 예수님은 우리를 세상의 빛과 소금이라 부르셨습니다 (마태복음 5:13~14). 세상은 우리가 피해야 할 대상이 아니라 우리가 빛과 소금이 되어 변화시키고 섬겨야 할 곳입니다. 우리는 교회 안에서만 보호받을 것이 아니라 오히려 세상 속에서 하나님 나라를 전파하고 하나님의 사랑과 진리를 드러내는 역

할을 해야 합니다.

성경적 신앙은 세상과의 단절이 아니라 세상 속에서의 성결한 삶을 강조합니다. 예수님은 죄인들과 함께하시고, 세리와 창녀 같은 사람들을 찾아가셨습니다. 그분은 결코 죄악이 두려워 세상을 피하지 않으셨습니다. 오히려 세상에 들어가서 그들에게 복음을 전하고 구원을 베푸셨습니다.

초대교회 성도들도 세상과 단절되지 않고 세상 속에서 복음을 전하며 살았습니다. 그들은 심지어 핍박과 박해 가운데서도 하나님을 의지하며 세상 속에서 복음의 능력을 드러냈습니다. 그리스도인은 결코 세상을 피하거나 두려워하는 존재가 아니라 하나님의 보호 아래서 세상 가운데 빛을 드러내는 사명을 가진 존재입니다.

내가 과거에 잘못된 신앙적 가르침에 빠진 이유는 교회에서 세상의 악한 영향력을 강조하는 내용만 들었을 뿐 하나님의 주권적 통치와 보호하심에 대해서는 균형 잡힌 가르침을 듣지 못했기 때문입니다. 성경은 분명히 하나님께서 세상을 다스리시고, 우리를 그 가운데서도 안전하게 보호하신다고 말하고 있는데 말입니다.

하나님의 보호는 교회라는 특정 장소에만 국한되지 않습니다. 우리의 삶 전체가 하나님의 손길 아래 있으며, 우리가 어디에 있든지 하나님께서 우리와 동행하시고 지켜주십니다. 직장에서도, 가정에서도, 학교에서도, 세상 어느 곳에서도 하나님은 우리 곁을 떠나지 않으십니다.

성경은 우리에게 세상에서 담대히 살아가라고 권면합니다. "세상에서는 너희가 환난을 당하나 담대하라 내가 세상을 이기었노라"(요한복음 16:33)라는 예수님의 말씀을 기억할 때, 우리는 더 이상 세상을 두려워할 이유가 없습니다. 오히려 우리는 믿음으로 세상 속에서 하나님의 나라를 살아내며 그리스도의 사랑과 복음을 전해야 합니다.

교회는 세상으로부터 도망치는 피난처가 아니라 성도들이 함께 모여 영적으로 성장하고 힘을 얻는 공동체입니다. 이곳에서 우리는 다시 세상으로 나아가 복음을 전하고 하나님의 뜻을 이루라는 사명을 부여받습니다. 그것이 바로 하나님께서 원하시는 교회의 모습입니다.

이제 나는 더 이상 세상을 두려워하지 않습니다. 하나님께서 세상 모든 곳을 다스리고 계시며, 내가 어디에 있든지 그분의 보호와 인도하심이 있음을 믿기 때문입니다. 하나님은 교회뿐만 아니라 온 세상을 주관하는 분이시며, 내가 속한 모든 삶의 자리에서 똑같이 역사하십니다. 그래서 교회 밖에서도 담대히 살아가고 있습니다.

세상의 7대 영역을 다스리고
정복해야 하는가?

　　나는 교회에서 '세상의 7대 영역'이라는 표현을 자주 들었습니다. 교육, 정치, 경제, 미디어, 문화예술, 가정, 종교라는 7개의 영역이 그리스도인의 영향력 아래 들어와야 한다는 가르침이었습니다. 교회에서는 이러한 영역을 '영적 전쟁의 대상'으로 보고, 그리스도인들이 적극적으로 세상 영역을 다스리고 정복해야 한다고 강조했습니다.

　　처음에는 이 가르침이 굉장히 매력적으로 다가왔습니다. 우리가 속한 사회를 기독교적 가치관으로 바꾸는 것이 하나님의 뜻이라고 생각했기 때문입니다. 그 당시 나는 그 영역들을 적극적으로 점령하고 변화시키는 것이야말로 하나님 나라를 확장하는 중요한 사명이라고 믿었습니다. 하지만 시간이 흐르면서 그런 가르침이 교회 안에 불필요한 긴장과 갈등을 만들어낸

다는 것을 알게 되었습니다.

"세상을 정복하라"는 표현은 실제로 많은 성도에게 대립적인 사고방식을 심어주었고, 세상이라는 영역을 빼앗고 점령해야 할 적으로 간주하게 했습니다. 결과적으로 많은 성도가 각분야의 사람들을 적대시하며 비판적인 태도를 보이게 되었고, 이는 세상과의 대화와 소통을 더욱 어렵게 만들었습니다. 세상을 변화시키는 것이 아니라 세상과의 불필요한 충돌과 갈등만 초래하게 된 것입니다.

'하나님은 정말 우리에게 세상을 점령하거나 지배하라고 명령하신 것일까? 아니면 우리가 세상 속에서 섬기고 사랑하며 변화시키라고 부르신 것일까?'

나는 깊은 고민에 빠졌습니다. 그리고 성경을 다시 펼쳐 묵상하면서 하나님의 뜻을 분명히 알게 되었습니다. 성경은 우리에게 세상을 정복하고 지배하라고 명령하지 않습니다. 오히려 예수님께서는 "섬기러 왔다"(마가복음 10:45)고 분명히 말씀하셨습니다. 하나님 나라는 힘과 권력으로 점령하는 것이 아니라 사랑과 겸손, 섬김으로 임하는 것입니다.

초대교회의 모습에서도 이러한 진리를 발견할 수 있습니다. 초대교회 성도들은 로마제국이나 당시의 정치·경제·문화 영역을 무력으로 점령하려 하지 않았습니다. 그들은 복음을 통해 세상을 변화시켰으며, 핍박과 어려움 속에서도 오히려 사랑과 섬김으로 사람들의 마음을 움직였습니다.

성경적 신앙은 세상을 지배하거나 점령하는 것이 아니라 세상 안에서 빛과 소금의 역할을 감당하는 것입니다. 우리가 세상을 힘과 권력으로 정복하는 것이 아니라 세상 안에서 하나님의 사랑과 진리를 드러내고 삶의 모범을 보여줌으로써 변화시키는 것입니다. 하나님 나라의 확장은 세상 영역을 장악하는 것이 아니라 각 영역에서 신실한 그리스도인들이 삶으로 복음을 증거하며 그리스도의 사랑을 실천할 때 이루어집니다. 세상과 적대적인 관계를 형성하는 것은 결코 하나님의 뜻이 아닙니다.

예수님이 제자들에게 하신 말씀을 기억할 필요가 있습니다. 예수님은 제자들에게 "가서 모든 민족을 제자로 삼아"(마태복음 28:19)라고 하셨지 세상을 정복하거나 지배하라고 하시지 않았습니다. 교회가 특정 영역을 장악하거나 세상을 적대시하고 힘으로 지배하려는 태도를 나타내면 오히려 복음 전도의 문을 닫는 결과를 가져옵니다. 그런 방식은 사람들의 마음을 움직이기보다는 반감을 일으키고, 그리스도인의 진정한 본질인 사랑과 섬김의 정신을 잃어버리게 합니다.

성경은 우리가 세상을 사랑하며 그 안에서 하나님의 뜻을 실천하고 살아갈 것을 권면합니다. 하나님께서 원하시는 것은 세상과 싸워 이기는 것이 아니라 세상 속에서 하나님의 나라를 살아내는 것입니다. 우리 각자가 삶의 자리에서 하나님을 경외하며 이웃을 사랑하고 섬김으로써 하나님 나라를 이 땅 가운데 실현하는 것이 우리의 참된 사명입니다.

물론 그리스도인들이 각 분야에서 영향력을 발휘하고 복음의 가치를 드러내는 것은 중요한 일입니다. 정치인, 교사, 예술가, 기업가 등 각 영역에서 믿음의 사람들이 삶으로 빛을 발할 때 사회는 조금씩 변화됩니다. 하지만 그것도 '정복'이나 '지배'라는 개념이 아니라 섬김과 사랑이라는 성경적 가치관 위에서 이루어져야 합니다.

하나님의 나라는 강제로 세상에 임하지 않습니다. 하나님의 나라는 우리의 삶과 공동체 안에서 겸손한 섬김과 사랑의 실천을 통해 확장됩니다. 예수님의 삶이 이를 가장 분명하게 보여 줍니다. 예수님은 정치적 권력을 가지거나 세상의 영역을 힘으로 점령하지 않으셨으며, 누구보다 겸손한 섬김으로 세상을 구원하셨습니다.

지금 우리가 회복해야 할 것은 세상을 향한 정복자의 마음이 아니라 섬김과 사랑의 마음입니다. 우리가 있는 모든 영역에서 그리스도의 향기를 드러내며 우리의 삶으로 그리스도를 나타낼 때 비로소 세상은 변화될 것입니다.

교회는 세상을 적대시하거나 세상과의 단절을 부추길 것이 아니라 세상 안에서 그리스도의 사랑을 실천하며 사람들과 더불어 살아갈 것을 권유해야 합니다. 우리가 사랑과 섬김의 자세로 살아갈 때 사람들은 우리의 선한 행실을 보고 하나님께 영광을 돌리게 될 것입니다(마태복음 5:16).

나는 이제 세상의 영역을 지배하거나 정복해야 한다는 가르침에서 완전히 벗어나 세상을 바라보는 관점을 바꾸었습니다. 세상은 정복해야 할 대상이 아니라 내가 사랑하고 섬기며, 그리스도의 복음을 증거해야 하는 대상임을 알고 있습니다. 내가 속한 삶의 자리에서 하나님을 사랑하고 이웃을 섬기며 하나님이 진정 원하시는 삶을 살기로 결심했습니다.

예수님은 내가 살아 있는
'마지막 때'에 재림하실까?

　나는 종종 교회에서 '마지막 때'라는 주제의 설교를 들었습니다. 목사님들은 "우리가 살고 있는 이 시대가 마지막 시대이며, 예수님의 재림이 가까웠다"고 자주 강조했습니다. 당시에는 뉴스에서 접하는 재난이나 정치적 사건조차 마지막 시대의 징조로 보였습니다. 나는 예수님의 재림이 내가 살아 있는 동안 곧 이루어질 것으로 기대하고 긴장하며 살았습니다.

　교회의 가르침은 나의 신앙에 두려움과 긴장감을 동시에 안겨주었습니다. 모든 삶의 계획을 재림에 맞춰 바꿔야 하는 건 아닌가 하는 압박감에 시달리기도 했고, 일상적 삶을 성실히 살아가는 것조차 의미 없게 느껴지기도 했습니다. 그렇게 나는 미래에 대한 꿈과 비전을 접고 오직 '마지막 날'을 준비하는 데 집중했습니다.

그런데 신앙생활을 더 깊이 하며 성경을 읽고 묵상할수록 나는 예수님께서 하신 말씀에 주목하게 되었습니다. 성경은 분명히 말합니다.

> 그러나 그 날과 그 때는 아무도 모르나니 하늘의 천사들도, 아들도 모르고 오직 아버지만 아시느니라
>
> _ 마태복음 24장 36절

예수님도 재림의 시점에 대해서는 명확히 언급하지 않으셨으며, 그 날과 때는 오직 하나님만 아신다고 말씀하셨습니다. 그런데도 어떤 목회자들은 성경의 특정 구절을 인용하며 자신에게 재림의 시기, 마지막 때의 특별한 비밀이 계시되었다고 주장합니다. 대표적인 예로 "주 여호와께서는 자기의 비밀을 그 종 선지자들에게 보이지 아니하시고는 결코 행하심이 없으시리라"(아모스 3:7)라는 말씀을 인용하며, 자신들이 그 '특별한 선지자'로서 하나님께 비밀스러운 계시를 받았다고 주장하는 사람들이 있습니다.

이 말씀은 분명히 하나님께서 선지자들을 통해 계획을 미리 알려주시고 그 뜻을 백성들에게 전하게 하셨다는 것을 뜻합니다. 구약의 선지자들은 하나님께 받은 말씀을 전했고, 그것은

이스라엘 백성이 하나님께로 돌아오도록 회개와 구원을 촉구하는 메시지였습니다. 하지만 오늘날에 이 구절을 인용하며 자신만이 하나님께 특정 날짜나 시기와 같은 특별한 계시를 받았다고 주장하는 것은 매우 위험한 일입니다.

일관된 성경 전체의 메시지를 볼 때 하나님께서 오늘날 개별 목회자에게 마지막 때의 날짜나 시기와 같은 '비밀'을 따로 계시하신다는 주장은 반드시 경계해야 합니다. 만약 하나님께서 재림의 정확한 때를 누구에게라도 미리 알려주신다면, 예수님께서 명백히 말씀하신 "그 날과 그 때는 아무도 모른다"는 성경 말씀과 정면으로 충돌하는 것이기 때문입니다.

역사적으로도 많은 사람이 스스로 특별한 계시를 받은 선지자라고 주장하며 특정 날짜를 예언했습니다. 그러나 그런 예언은 모두 빗나갔고, 많은 사람에게 혼란과 상처만 남겼습니다. 성경이 명백히 "아무도 모른다"고 한 내용을 개인이 안다고 주장하는 것은 교만이며, 하나님의 말씀보다 자신의 경험이나 신비적 체험을 더 신뢰하는 잘못된 태도입니다.

또한 이러한 주장은 성도들을 두렵고 불안하게 만들며 건전한 신앙의 균형을 무너뜨리고 맙니다. 재림의 때가 언제인가를 아는 것보다 중요한 일은 예수님께서 분명히 가르치신 대로 언제든지 주님을 맞이할 준비를 하며 살아가는 일입니다. 성경적 신앙은 항상 깨어 있고 준비되어 있으면서도, 구체적인 시기나 날짜에 집착하지 않고 날마다 하나님 앞에서 성실히 살아갈 것을 강조합니다.

초대교회 성도들도 예수님의 재림을 기다리며 살았지만, 결코 삶을 포기하거나 일상의 책임을 외면하지는 않았습니다. 그들은 일상을 성실히 살며 복음을 전파하고 이웃을 사랑했습니다. 재림에 대한 기대는 초대교회 성도들에게 현실의 책임을 회피하게 한 것이 아니라 오히려 그들의 신앙과 삶을 더 견고하게 만들었습니다.

오늘날 우리가 진정으로 알아야 할 것은 '언제 예수님이 다시 오실지' 그 날짜나 시점이 아닙니다. 우리가 준비해야 할 것은 언제 주님이 오시더라도 그 앞에 부끄러움 없이 서는 신앙과 삶의 태도입니다. 하나님은 우리가 그 날짜나 시기를 미리 알아서 삶을 멈추고 기다리기보다는 매 순간 깨어 있고 준비된 신앙으로 살아가기를 원하십니다.

마지막 때에 대한 지나친 추측과 특정 날짜 계시 등은 오히려 우리를 신앙의 본질에서 벗어나게 합니다. 성경적 종말론의 참된 의미는 우리를 하나님 앞에서 매 순간 성실하고 충성되게 살아가게 한다는 것입니다. 하나님께서 우리에게 맡기신 삶의 책임을 다하며 주어진 날 동안 최선을 다해 살아가는 것이야말로 하나님께서 원하시는 신앙입니다.

예수님은 "너희는 항상 깨어 있으라"고 하셨습니다. 이 말씀은 우리가 하루하루 하나님과 친밀한 관계를 유지하며, 언제든 주님 만날 준비가 돼 있어야 한다는 의미입니다. 우리가 살아 있는 동안 예수님이 재림하시든, 아니면 먼 미래에 재림하시든 그 시기는 중요하지 않습니다. 중요한 것은 우리의 삶이 언제나 하나님이 기뻐하시는 모습으로 준비돼 있어야 한다는 것입니다.

우리는 두려움 속에서 종말을 기다리며 살 것이 아니라 평안과 소망 가운데 하나님 나라를 이 땅에서 살아내야 합니다. 우리가 일상에서 하나님과 동행하며 이웃을 사랑하고 섬기며 살 때, 우리는 이미 하나님 나라에서 살아가는 것입니다.

나는 더 이상 특정 날짜나 시기를 주장하며 성경을 넘어서는 계시를 하는 사람들을 믿지 않습니다. 오직 성경에서 밝힌 대로 주님 앞에 늘 깨어 있는 삶을 살아갈 뿐입니다. 그분이 언제 오시든 나는 오늘 하루를 하나님 앞에서 신실하게 살겠습니다.

남의 죄나 조상의 죄를
내가 회개하면 해결되는가?

교회에서는 종종 '대신 회개'라는 개념을 강조했습니다. 자기 자신뿐만 아니라 가족이나 조상의 죄, 때로는 다른 사람의 죄까지 대신 회개하면 하나님께서 그 죄를 용서하시고, 우리 삶에 주어진 고통이나 저주가 사라진다는 내용이었습니다. 처음 이 가르침을 들었을 때 나는 강력한 말씀이라고 생각했습니다.

당시 목사님은 개인이 겪는 어려움이나 질병, 가정 문제에 대해 대부분 조상이나 가족의 죄로 인한 것이라고 설명했습니다. 특히 '가계에 흐르는 저주'라는 표현을 자주 사용하면서 조상이나 부모님이 지은 죄가 자녀에게 영향을 준다고 강조했습니다. 이를 해결하려면 자녀가 대신해서 하나님 앞에 회개해야 한다고 가르쳤습니다.

나는 그 가르침을 듣고 내 삶의 문제들도 부모님이나 조상의 죄 때문일지 모른다는 생각에 깊이 빠졌습니다. 그래서 우리 가족과 조상이 어떤 죄를 지었는지 조사하기 시작했고, 부모님이나 조상의 허물을 하나님 앞에 내가 대신 회개하려고 노력했습니다. 매번 예배나 기도 모임에서 조상들의 죄를 대신해 눈물로 회개하며 하나님께 용서를 구했습니다.

처음에는 이것이 의미 있고 영적으로도 강력한 체험이라고 느꼈습니다. 그런데 시간이 흐를수록 마음속에 혼란과 부담감이 더해졌습니다. 가족의 죄를 대신 회개하는 일이 끝없이 반복되었지만, 실제로 문제가 해결되기는커녕 마음속의 불안과 죄책감만 커질 뿐이었습니다.

또한 교회에서는 다른 사람의 죄를 대신 회개하는 것도 가르쳤습니다. 예를 들어 국가적 재난이나 사회적 문제, 심지어 이웃이나 주변 사람의 죄를 대신 회개하며 하나님께 중보기도를 드려야 한다고 했습니다. 이에 따르자니 내 죄뿐만 아니라 다른 사람의 죄까지 짊어진 것처럼 느껴졌고, 기도 시간이 점점 더 무겁고 부담스러워졌습니다.

이러한 상황이 거듭되자 나는 영적인 혼란과 무력감을 느꼈습니다. 내가 아무리 다른 사람의 죄를 대신 회개해도 문제가 완전히 해결되는 것 같지 않았고, 나 자신의 영적 건강과 균형만 잃을 뿐이었습니다.

고민 가운데 나는 성경을 더욱 깊이 묵상했습니다. 성경을 통해 하나님께서 죄와 회개에 대해 어떻게 가르치시는지 정확히 알려고 노력했습니다. 그리고 성경이 죄와 회개에 대해 매우 분명한 원칙을 가르치고 있음을 발견하게 되었습니다.

성경은 각 개인이 자신의 죄에 대해서만 책임진다는 사실을 분명하게 가르칩니다.

> 범죄하는 그 영혼은 죽을지라 아들은 아버지의 죄악을 담당하지 아니할 것이요 아버지는 아들의 죄악을 담당하지 아니하리니 의인의 공의도 자기에게로 돌아가고 악인의 악도 자기에게로 돌아가리라
>
> _ 에스겔 18장 20절

물론 성경을 보면 다니엘과 느헤미야 같은 사람들이 민족 전체의 죄를 놓고 기도한 사례가 있습니다. 그러나 이들의 기도는 민족의 죄악을 하나님께 간구하며 용서를 구하는 기도이지 개인적으로 다른 사람이나 조상의 죄를 대신 지고 회개하는 개념과는 전혀 다릅니다. 그들은 민족이 회개하고 하나님께 돌아오도록 간절히 간구했던 것입니다.

중요한 것은 개인의 죄를 대신 지는 행위가 아니라 각 사람이 자신의 죄를 깨닫고 하나님께 돌아오는 것입니다. 회개란 죄를 지은 당사자가 하나님 앞에 진심으로 돌아서고 그분의 용서를 구하는 것을 의미합니다. 다른 사람이 대신 회개한다고 해서 본인의 죄 문제가 해결되지는 않습니다.

특히 조상의 죄가 자손에게 계속 저주로 내려온다는 개념은 비성경적입니다. 성경은 우리가 그리스도 안에서 새로운 피조물이 되었고, 이전 것은 지나갔으며(고린도후서 5:17), 그리스도께서 십자가에서 우리의 모든 죄를 완전히 해결하셨다고 말씀합니다. 그리스도의 십자가는 우리를 죄의 굴레에서 자유롭게 했습니다.

만일 우리가 조상이나 다른 사람의 죄를 대신해서 계속 회개해야 한다면 예수 그리스도의 십자가 구속은 불완전한 것이 되고 맙니다. 하지만 성경은 분명히 그리스도의 십자가에서 우리의 모든 죄가 완전히 해결되었다고 선언하고 있습니다. 이런 점에서 우리가 할 일은 다른 사람들의 죄를 대신 회개하며 기도하는 것이 아니라 그들이 하나님 앞에서 자신의 죄를 깨닫고 회개하게 해달라고 간절히 기도하며 사랑으로 돕는 것입니다.

이제 나는 더 이상 다른 사람이나 조상의 죄를 대신 회개하며 스스로 무거운 짐을 지지 않습니다. 나는 하나님께서 각 사람이 자신의 죄를 회개하고 주께 나아오기를 원하신다는 진리를 깨달았습니다. 성경적 회개는 자기 자신이 하나님 앞에 나아가 죄를 고백하고 용서를 받는 것입니다.

나의 삶과 죄의 문제는 그리스도의 십자가에서 완전히 해결되었습니다. 하나님께서는 우리가 조상이나 다른 사람의 죄로 인해 평생 괴로워하거나 억압받기를 원하지 않으십니다. 하나님께서는 우리가 진정한 회개를 통해 용서받고, 그리스도의 십자가 공로로 자유를 누리며 살아가기를 원하십니다. 하나님 앞에 책임 있는 존재로서 하나님과의 관계를 직접 세워나가는 것이 진정한 신앙인의 모습이라 생각합니다.

성령의 기름 부음은
계속 요청해야 하는가?

교회에서는 '성령의 기름 부음'이라는 용어를 자주 들었습니다. 목사님은 성령의 기름 부음이 특별한 은사와 능력을 가져다주며, 그것을 지속적으로 구해야 한다고 가르쳤습니다. 많은 성도가 예배와 기도 모임에서 성령의 기름 부음을 받기 위해 눈물 흘리며 간절히 부르짖었고, 나도 그런 분위기 속에서 지속적으로 성령의 기름 부음을 구했습니다.

당시 나는 성령의 기름 부음을 마치 하나님께 특별히 공급받아야 하는 영적 에너지 같은 것으로 생각했습니다. 교회에서는 "성령의 기름 부음 없이는 제대로 된 신앙생활을 할 수 없고, 능력 있는 사역을 할 수 없다"고 가르쳤기 때문에 나는 매번 기도할 때마다 이 특별한 체험과 은혜를 구하며 간절히 기도했습니다.

그러나 이 믿음은 시간이 지날수록 나를 더 지치게 했습니다. 예배 때마다 성령의 기름 부음을 받아야 한다는 강박관념으로 기도와 예배의 본질이 왜곡되었고, 내 신앙생활은 하나님과의 인격적 교제가 아닌 특별한 체험과 능력 추구에 대한 집중으로 변질되고 말았습니다.

나는 성령의 기름 부음을 받지 못한 날에는 예배가 실패했다고 느꼈고, 스스로 신앙이 부족하다는 자책감에 시달렸습니다. 나와 마찬가지로 많은 성도가 성령의 특별한 임재와 기름 부음을 경험하지 못할 때 영적 실패자라도 된 듯 열등감을 느끼는 것을 목격했습니다. 교회 안에서 특별한 체험을 하지 못하면 영적으로 낮은 단계라고 여겼던 것입니다.

그러던 중 성경을 깊이 묵상하며 성령의 기름 부음의 의미를 깨닫게 되었습니다. 성경은 성령의 기름 부음을 특별한 체험이나 능력으로서 계속 요청하거나 반복해서 받는 것으로 묘사하지 않습니다. 신약성경에서 성령의 기름 부음은 구원받은 성도들이 이미 예수 그리스도 안에서 받은 성령의 내주하심을 나타냅니다.

> 너희는 주께 받은 바 기름 부음이 너희 안에 거하나니 아무도
> 너희를 가르칠 필요가 없고, 그의 기름 부음이 모든 것을 너희에

게 가르치며 또 참되고 거짓이 없으니 너희를 가르치신 그대로
주 안에 거하라

_ 요한일서 2장 27절

이 말씀은 우리가 이미 그리스도를 믿을 때 성령의 기름 부음을 받았으며, 그 기름 부음이 우리 안에 지속적으로 머물러 있다고 분명히 알려줍니다.

성경은 우리가 믿음을 통해 그리스도와 연합할 때 성령께서 이미 우리 안에 내주하시고 우리를 인도하시며 보호하신다고 말씀합니다. 이 사실은 성령의 기름 부음이 특별한 체험이나 능력의 반복적 요청을 통해 계속 공급받아야 하는 어떤 것이 아니라 이미 우리에게 주어진 은혜임을 강조합니다.

바울 사도도 고린도교회 성도들에게 "너희 몸은 너희가 하나님께로부터 받은 바 너희 가운데 계신 성령의 전인 줄 알지 못하느냐"(고린도전서 6:19)고 말했습니다. 이는 우리가 이미 성령의 내주하심이라는 놀라운 기름 부음을 받은 존재임을 의미합니다. 따라서 우리가 할 일은 성령의 기름 부음을 반복적으로 구할 것이 아니라 이미 주어진 성령의 내주하심에 감사하며, 성령께 순종하고 그분과 친밀하게 동행하는 것입니다. 성령님은 이미 우리 안에 계시며, 우리의 삶 가운데 항상 역사하

십니다. 우리는 성령께서 주신 은혜 안에 살아가는 것입니다.

오늘날 교회 안에서 '성령의 기름 부음'이라는 개념을 잘못 이해하고 왜곡해서 신앙의 본질을 혼란스럽게 할 때가 있습니다. 성령을 외부에서 특별한 방식으로 계속 요청해야 한다는 생각은 오히려 성령께서 이미 우리 안에 계신다는 성경적 진리를 약화시킵니다.

물론 성경은 성령 충만을 지속적으로 강조합니다. 바울은 "술 취하지 말라 이는 방탕한 것이니 오직 성령으로 충만함을 받으라"(에베소서 5:18)고 권면합니다. 그러나 이는 특별한 체험을 반복적으로 받는 것이 아니라 이미 내주하신 성령님께 우리 삶을 지속적으로 드리고 그분께 순종하는 삶의 방식을 말합니다. 성령 충만은 삶 속에서 성령의 인도하심을 따르고, 성령의 열매를 맺는 삶을 의미합니다.

성경적 성령 충만은 특별한 체험이나 감정의 고조를 지속적으로 구하는 것이 아니라 하나님의 말씀에 따라 순종하고 그분께 헌신하며 살아가는 것을 강조합니다. 매일의 삶 속에서 성령께서 우리를 이끄시는 대로 순종하는 것입니다. 우리의 성령 충만은 감정적 체험에 의존하지 않으며, 하나님에 대한 신실한 순종과 말씀에 따른 삶에 기초합니다.

하나님께서는 우리가 특별한 체험을 추구하며 신앙생활을

하길 바라지 않으십니다. 하나님께서 원하시는 것은 성령이 이미 우리 안에 계시다는 사실을 깨닫고, 성령과 동행하며 하나님의 뜻을 이루는 삶입니다.

성령에 대한 잘못된 이해, 기름 부음의 잘못된 개념을 바로잡기 위해서는 말씀으로 돌아가야 합니다. 성령의 기름 부음은 우리가 구원받을 때 이미 주어진 하나님의 은혜입니다. 우리는 이미 충만한 성령의 기름 부음 안에 살고 있음에 감사하고, 성령님과 동행하며 살아가야 합니다. 이것이 성령의 기름 부음에 대한 성경적 이해입니다.

'하나님의 음성'이
성경보다 더 확실한가?

나는 '하나님의 음성을 듣는 것'이 신앙의 높은 경지에 도달한 사람들에게만 허락된 특별한 영적 체험이라고 배웠습니다. 목회자와 리더들은 종종 자신들이 받은 하나님의 음성에 대해 간증하며, 그 음성이 성경보다 더 직접적이고 현실적인 지침을 준다고 강조했습니다. 나 역시 하나님의 음성을 직접 듣기를 간절히 사모하게 되었습니다.

당시 교회에서는 예배나 기도 모임을 통해 하나님의 음성을 듣는 훈련을 자주 했습니다. 조용한 음악이 흐르는 가운데 리더들은 "하나님이 지금 너희에게 무엇이라고 말씀하시는지 귀를 기울이라"고 지시했습니다. 처음엔 아무것도 들리지 않았지만, 반복되는 훈련과 리더들의 강한 권유로 인해 어느 순간 나도 마음에서 올라오는 생각이나 느낌을 하나님의 음성으로 믿기 시작했습니다.

이러한 체험이 반복될수록 내게는 성경보다 마음속에서 들리는 개인적 음성이 더 중요하고 직접적인 권위를 갖기 시작했습니다. 성경은 이미 오래전에 쓰인 글이니 지금 나에게 직접 주시는 음성이 훨씬 더 현실적이고 정확하다고 느꼈습니다. 결국 나의 신앙생활은 성경을 읽고 묵상하는 것보다는 하나님의 음성을 듣는 체험에 더 큰 비중을 두게 되었습니다.

그런데 시간이 지날수록 내 안에서 들리는 그 음성이 점점 더 불확실하고 혼란스럽게 변해갔습니다. 처음에는 단순히 위로와 격려의 음성이라고 생각했는데, 때로는 나의 욕심이나 감정, 심지어 두려움까지 혼합된 모호한 생각으로 나타나기 시작했습니다. 그렇게 하나님의 음성이라고 믿었던 것들이 오히려 나를 불안하고 혼란스럽게 했고, 나의 신앙은 점점 중심을 잃어갔습니다.

문제는 내 개인적인 경험에만 국한되지 않았습니다. 교회 안에서도 목회자나 리더들이 들었다는 하나님의 음성이 서로 다르거나 충돌하는 일이 자주 발생했습니다. 리더들이 제각기 자기가 들은 음성을 하나님의 말씀이라 주장하면서 서로 다른 메시지가 교회 안에서 갈등과 분열을 초래하기도 했습니다. 나는 그 모습을 보면서 회의에 빠졌습니다.

결국 성경으로 돌아가 근본적으로 고민하기 시작했습니다. 성경은 분명히 말씀합니다.

> 모든 성경은 하나님의 감동으로 된 것으로 교훈과 책망과 바르게 함과 의로 교육하기에 유익하니
>
> _ 디모데후서 3장 16절

하나님의 계시가 성경 말씀을 통해 충분히 이루어졌다는 것입니다. 성경이 이미 완전한 하나님의 말씀으로 우리에게 주어졌으니 우리는 이 말씀을 넘어서는 개인적 음성이나 계시를 구할 필요가 없습니다.

"옛적에 선지자들을 통하여 여러 부분과 여러 모양으로 우리 조상들에게 말씀하신 하나님이 이 모든 날 마지막에는 아들을 통하여 우리에게 말씀하셨으니"(히브리서 1:1~2)라는 말씀은 하나님의 최종적 계시가 이미 예수 그리스도 안에서 성경을 통해 충분히 완성되었음을 분명히 합니다. 그러므로 성경을 뛰어넘는 더 확실한 음성이나 계시는 있을 수 없으며, 그것을 추구하는 것은 성경의 완전성과 충분성을 부정하는 일입니다.

성경은 우리에게 하나님의 뜻과 성품, 구원의 계획을 분명히 알려줍니다. 성경은 모든 시대와 모든 사람을 위한 보편적 진

리이고 하나님의 영원한 말씀입니다. 이와는 달리 개인적 느낌이나 음성은 주관적이고 제한적이며, 때로는 감정이나 욕구와 혼합될 가능성이 크기 때문에 늘 분별이 필요합니다. 개인적 체험이나 음성을 성경보다 우위에 두는 것은 매우 위험한 태도입니다.

특히 오늘날 많은 이단이나 잘못된 신학 사상이 개인적인 계시나 하나님의 음성을 성경보다 우선시하면서 문제가 생겼습니다. 역사적으로도 수많은 잘못된 교리나 가르침이 "하나님께서 내게 말씀하셨다"는 개인적 주장에서 시작되었습니다. 이것이 바로 우리가 개인적 음성을 성경 위에 두어서는 안 되는 이유입니다.

성경은 우리에게 분명한 기준과 가이드라인을 제시합니다. 개인적 음성이나 느낌이 성경의 가르침과 충돌할 경우, 우리는 그것을 단호히 거부해야 합니다. 왜냐하면 성경은 정확하고 오류가 없는 하나님의 말씀으로 이미 주어졌기 때문입니다. 성경은 우리 신앙의 최종적·절대적 기준이어야 합니다.

개인적 경험과 감정은 언제든 바뀔 수 있지만, 성경 말씀은 영원히 변치 않습니다. 개인적인 느낌과 체험에 기대지 않고 하나님의 말씀을 전적으로 신뢰할 때 우리는 흔들리지 않는 견고한 신앙 위에 설 수 있습니다. 오직 성경만이 우리에게 분명하고 확실한 하나님의 뜻을 가르쳐줍니다.

하나님은 우리에게 이미 성경이라는 확실한 말씀을 주셨습니다. 우리는 성경을 통해 하나님의 뜻을 충분히 이해할 수 있고, 삶의 모든 문제를 다루는 충분한 진리를 발견할 수 있습니다. 우리는 더 이상 개인적 음성이나 신비한 계시를 추구할 필요가 없습니다. 하나님께서 이미 그리스도와 성경 말씀을 통해 충분한 계시를 완성하셨기 때문입니다.

나는 더 이상 개인적인 음성이나 느낌에 휘둘리지 않고 성경 말씀을 온전히 신뢰하며 살아가기로 결심했습니다. 개인적인 음성을 추구하며 주관적이고 혼란스러운 신앙의 길을 가서는 안 됩니다. 성경보다 더 확실한 계시나 음성은 없으니 성경을 신뢰하며 성경의 가르침에 따라야 할 것입니다. 성경 말씀을 통해 우리는 하나님의 뜻을 확실히 알 수 있으며, 우리의 삶은 성경의 진리 위에서 견고하게 세워져야 합니다.

PART 3

다른 복음은 복음이 아닙니다

복음을 가장하지만 복음이 아닌 것들

복음을 가장한
다른 복음

내가 다녔던 교회에서는 '복음'이라는 말을 자주 사용했습니다. 매주 강단에서는 복음이라는 단어가 반복되었고, 모든 사역의 중심에 항상 복음이 있었습니다. 그러나 시간이 흐르고 조금씩 신앙이 깊어지면서 나는 그 교회에서 가르친 복음이 성경이 말하는 복음과는 다르다는 것을 알게 되었습니다. 겉으로는 똑같은 복음 같았지만, 실제로는 '다른 복음'이었습니다.

바울 사도는 "다른 복음을 따르는 것을 내가 이상히 여기노라 다른 복음은 없나니 다만 어떤 사람들이 너희를 교란하여 그리스도의 복음을 변하게 하려 함이라"(갈라디아서 1:6~7)라고 분명히 경고합니다. 여기에서 말하는 '다른 복음'은 처음부터 완전히 다른 가르침이라기보다는 원래의 복음을 교묘하게 변형하고 왜곡한 것입니다.

당시 내가 속한 교회에서는 복음을 "예수 그리스도의 십자가와 부활을 통해 우리가 죄 사함과 영생을 얻는 것"이라고 가르치기보다는 개인적인 성공과 번영, 그리고 현세적 복을 받기 위한 수단처럼 가르쳤습니다. 강단에서는 주로 하나님이 우리 삶의 모든 영역에서 번영과 성공을 주신다는 메시지가 선포되었습니다. 예수님을 믿으면 반드시 건강하고 부유해지며, 세상에서 승리하는 삶을 산다고 강조했습니다.

처음에는 그 메시지가 좋게 들렸습니다. 많은 성도가 교회에서 성공과 번영을 위한 기도를 열심히 했고, 나 역시 그렇게 기도하며 복을 받길 원했습니다. 하지만 시간이 흐를수록 그 메시지는 실망을 가져왔습니다. 내가 기도한 대로 번영과 성공을 얻지 못할 때면 믿음이 부족한 사람처럼 느껴졌고, 하나님이 나를 사랑하지 않으시는 게 아닌가 하는 의심까지 들었습니다.

이런 '다른 복음'은 예수 그리스도의 십자가 의미를 왜곡합니다. 복음의 핵심은 예수님께서 십자가에서 우리 죄를 대신 지시고 죽으셨으며, 부활을 통해 우리에게 영생과 구원을 주셨다는 것입니다. 복음은 본질적으로 우리를 죄와 죽음으로부터 구원하시기 위한 하나님의 은혜이며, 이 세상에서의 성공과 번영을 위한 수단으로 사용될 수는 없습니다.

'다른 복음'은 십자가의 희생과 헌신, 순종이라는 성경적 가르침을 무시하거나 가볍게 만듭니다. 십자가는 우리가 하나님 앞에서 죄인임을 깨닫고 회개하며 겸손히 하나님을 따르도록 인도하는 길입니다. 하지만 번영과 성공만을 강조하는 메시지는 십자가를 우리의 욕망과 탐욕을 성취하는 수단으로 전락시켜버립니다.

　내가 겪은 또 하나의 '다른 복음'은 "행위와 노력으로 구원을 완성해야 한다"는 가르침이었습니다. 교회에서는 하나님의 은혜로 시작된 구원을 개인의 행위와 노력으로 유지, 완성해야 한다고 가르쳤습니다. 그것은 하나님의 사랑과 구원이 우리의 노력이나 행위에 따라 달라질 수 있다고 믿게 만드는 설교였습니다.

　이러한 설교는 복음의 본질을 근본적으로 왜곡합니다. 성경은 분명 우리가 오직 하나님의 은혜로만 구원을 얻는다고 말합니다.

> 너희는 그 은혜에 의하여 믿음으로 말미암아 구원을 받았으니 이것은 너희에게서 난 것이 아니요 하나님의 선물이라 행위에서 난 것이 아니니 이는 누구든지 자랑하지 못하게 함이라
>
> _ 에베소서 2장 8~9절

복음은 우리의 행위나 노력이 아니라 오직 하나님의 무조건적인 은혜와 사랑으로 말미암는 것입니다. 행위와 노력을 강조하는 '다른 복음'은 결국 성도들을 죄책감과 불안감에 빠지게 했습니다. 나도 마찬가지였습니다. 나는 하나님 앞에서 더 많이 봉사하고 헌신해야만 하나님이 나를 사랑하시고 구원을 유지해주신다는 잘못된 믿음으로 지쳐갔습니다. 결국 나의 신앙생활은 기쁨과 감사보다는 피곤함과 두려움으로 가득 차게 되었습니다.

또 다른 형태의 '다른 복음'은 특정 리더나 목회자에게 지나친 권위와 능력을 부여하는 것으로 나타났습니다. 그 교회에서는 특정 리더가 하나님께 특별한 음성과 계시를 받고 있다고 주장하면서 그의 말을 하나님의 말씀과 동일시하는 일이 자주 있었습니다. 성도들은 그 리더가 전하는 말씀이 성경보다 더 권위가 있다고 믿으며 맹목적으로 따랐습니다.

성경은 어떤 인간도 하나님의 말씀과 동일한 권위를 가질 수 없다고 분명히 가르칩니다. 오직 성경만이 우리의 삶을 인도하고, 신앙의 기준이 될 수 있습니다. 인간의 권위를 성경 위에 두는 것은 심각한 영적 위험이며, 반드시 피해야 할 '다른 복음'입니다.

'다른 복음'은 원래의 복음을 교묘히 왜곡하고 변질시킴으로써 성도들을 혼란스럽게 하고, 진정한 구원의 길에서 멀어지게 합니다. 우리가 따라야 할 유일하고 참된 복음은 예수 그리스도의 십자가와 부활을 통한 은혜의 복음입니다. 이 복음은 우리가 죄인이며, 오직 예수님의 은혜로만 구원을 얻는다는 진리를 강조합니다.

'다른 복음'을 분별하려면 성경을 깊이 이해하고, 참된 복음의 의미를 분명히 깨달아야 합니다. 성경을 통해 복음의 진리를 확실히 알면 어떤 교묘한 왜곡이나 변질된 가르침도 뚜렷이 분별할 수 있습니다.

이제 나는 더 이상 복음을 가장한 '다른 복음'에 속지 않습니다. 나는 오직 성경에서 가르치는 예수 그리스도의 십자가와 부활의 복음만을 신뢰합니다. 이 복음만이 우리에게 참된 평안과 자유를 가져다줍니다.

우리가 진정으로 따라야 할 복음은 번영과 성공을 약속하거나, 우리의 헌신과 행위를 요구하거나, 인간의 권위를 강조하지 않습니다. 참된 복음은 오직 그리스도의 은혜로 주어진 완전한 구원의 소식이며, 오직 믿음으로 받아들이면 됩니다. 이 복음만이 우리에게 진정한 구원과 생명을 줍니다.

성도들이 진리의 복음을 분명히 깨닫고 '다른 복음'에 미혹되지 않기를 소망합니다. 오직 성경이 말하는 복음만을 굳게 붙들고 살아갈 때, 우리는 참된 자유와 생명 안에서 흔들림 없는 신앙을 유지할 수 있습니다.

은혜를 무너뜨리는
조건의 덧붙임

오직 은혜.

이것이 이전 교회에서 신앙생활을 하는 동안 나의 마음에 가장 와닿은 표현이었습니다. 당시 목사님과 교회 리더들은 구원이 오직 하나님의 은혜로만 이루어진다고 강력히 설교했고, 나 역시 그 말을 기쁘게 받아들였습니다. 복음은 아주 단순했습니다. 예수 그리스도의 십자가를 믿으면 모든 죄를 용서받고 영원한 생명을 얻는다는 메시지는 내게 깊은 감격과 기쁨을 안겨주었습니다.

그런데 교회 안에서 복음에 덧붙인 수많은 조건을 경험하게 되었습니다. 처음에는 믿음으로 구원을 얻는다고 했지만, 교회 안에서 강조되는 메시지는 점점 변질되었습니다. 리더들은 "진짜 믿음이 있다면 이렇게 살아야 한다"고, 그러지 않으면 심판

받아 지옥에 간다고 했습니다. 그러고는 성도의 삶에 수많은 규칙과 의무를 부과했습니다. 이 규칙들은 처음엔 성도의 삶을 돕는 지침처럼 보였지만, 결국 나를 얽매고 구원의 확신을 흔드는 부담으로 작용했습니다.

예배 출석과 헌금, 봉사활동 참여 여부가 성도의 믿음과 헌신도를 판단하는 기준으로 사용되었고, 구원을 받기 위해서는 그것이 꼭 필요한 조건이라고 가르쳤습니다. 리더들은 은혜와 믿음만으로는 충분하지 않으며, 반드시 삶 속에서 특정한 행동과 열매를 보여야만 진정한 성도로 인정받는다고 강조했습니다.

이렇게 구원과 은혜에 조건이 따라붙으면서 나의 신앙생활은 자유와 기쁨을 잃고 무겁고 고단한 짐이 되어버렸습니다. 자칫하면 내 행위의 결과로 지옥에 갈 것이기 때문입니다.

이런 '조건의 덧붙임'은 복음의 본질을 왜곡하고 예수 그리스도의 십자가의 완전성을 훼손합니다. 바울 사도는 갈라디아서에서 율법이나 행위의 조건을 복음에 추가하는 것을 강력히 비판합니다. "사람이 의롭게 되는 것은 율법의 행위로 말미암음이 아니요 오직 예수 그리스도를 믿음으로 말미암는 줄 알므로…"(갈라디아서 2:16)라고 분명히 선언합니다. 복음이 행위나 조건을 요구하지 않고 오직 믿음을 통해 은혜로 주어지는 것임을 밝힌 것입니다.

하지만 교회에서는 바울이 그렇게 강력히 비판한 율법적 조건들이 다시금 교묘하게 복음 위에 덧붙여지고 있었습니다. 예를 들어, 성령 충만한 삶을 살지 않으면 구원이 취소될 수도 있다는 가르침이 계속해서 주입되었습니다. 그로 인해 많은 성도가 구원의 확신을 잃고, 날마다 두려움과 죄책감 속에 살아가게 되었습니다.

성경은 분명히 우리의 구원이 오직 하나님의 은혜와 그리스도의 공로로만 이루어진다고 가르칩니다. 에베소서 2장 8~9절의 말씀대로 구원은 우리의 어떤 행위나 조건이 아니라 전적으로 하나님의 주권적 은혜와 사랑으로 주어진 것입니다.

우리가 복음에 행위나 조건을 덧붙이는 순간, 우리는 복음의 진정한 능력과 자유를 잃어버리게 됩니다. 복음의 본질은 우리가 어떤 노력이나 공로 없이도 오직 믿음만으로 하나님 앞에 나아갈 수 있다는 놀라운 소식입니다. 이것이 복음의 핵심이며, 그것은 그리스도의 십자가에서 이미 완성되었습니다.

그렇다면 성도의 선행이나 순종은 무엇입니까? 성도의 삶속에서 나타나는 선행과 순종은 구원의 조건이 아니라 이미 받은 구원에 대한 자연스러운 열매입니다. 은혜를 받은 사람은 성령께서 주시는 새로운 마음과 소원을 따라 기쁘게 하나님께 순종합니다. 하지만 그 순종이 우리의 구원을 유지하거나 완성하는 조건이 될 수는 없습니다.

교회 안에서 복음에 행위적 조건을 덧붙이는 일은 결국 성도들을 억압하고 신앙의 본질에서 벗어나게 합니다. 복음이 주는 평안 대신 심판에 대한 두려움을 끝없이 만들어내며, 결국 믿음의 본질을 왜곡합니다. 복음은 우리가 하나님의 사랑과 용서를 온전히 누리게 하는 것인데, 복음에 조건을 덧붙이면 우리는 하나님의 은혜를 충분히 누리지 못하고 오히려 무거운 짐을 지게 됩니다.

이제 나는 복음에 덧붙여진 잘못된 조건들을 벗어던지고, 다시금 성경에서 가르치는 온전한 복음으로 돌아왔습니다. 내가 구원을 얻고 하나님 앞에 설 수 있는 유일한 근거는 오직 예수 그리스도의 완전한 십자가 사역뿐임을 다시 한번 깨달았습니다. 구원은 하나님의 은혜로 완전히 이루어진 것이므로, 거기에 추가할 조건이나 행위는 없습니다.

나는 더 이상 구원을 위한 조건이나 행위에 의지하지 않습니다. 나의 신앙은 하나님께서 이미 그리스도 안에서 이루신 완전한 은혜와 사랑에만 뿌리를 두고 있습니다. 이 사실을 깨달았을 때 나는 진정한 평안과 자유를 경험했습니다.

우리는 복음의 본질을 다시 깨달아야 합니다. 복음은 행위나 조건의 덧붙임이 없는 하나님의 온전한 선물입니다. 우리가 이미 받은 은혜에 감사하며 기쁨으로 하나님께 순종하는 삶을 살아갈 때, 그것이 바른 신앙입니다. 다시는 복음의 온전성을 무너뜨리는 조건의 덧붙임에 속는 일 없이 성경이 가르치는 복음을 꼭 붙잡아야 합니다.

예수 그리스도가 아니라
내가 중심인 삶

나는 오직 예수님을 중심으로 살겠다고 결심했습니다. 예수님을 사랑하고 그분의 말씀대로 살아가겠다는 열정과 헌신이 내 마음 깊이 자리 잡고 있었습니다.

하지만 시간이 흐르면서 교회에서 전하는 메시지들은 조금씩 변했습니다. 예수님 중심이 아니라 개인적인 성공과 번영, 성취에 중심을 둔 내용들이 강조되었습니다. 또한 예배의 초점도 바뀌었습니다. 예배 때마다 하나님을 찬양하고 그분께 영광을 돌리기보다는 개인적인 성공과 만족을 위해 축복을 간구하는 기도가 많아졌습니다. 하나님께 드리는 예배가 아니라 하나님이 나의 욕구와 소원을 이루어주셔야 한다는 요구가 예배의 중심이 된 것입니다.

교회 목회자들은 자주 "하나님께서 여러분을 성공하게 하실 것입니다", "여러분이 원하는 것을 하나님이 이루어주실 것입니다"라는 메시지를 반복적으로 설교했습니다. 처음엔 이런 메시지가 위로와 격려로 들렸지만, 점점 그것이 신앙에서 멀어지고 있음을 깨닫게 되었습니다.

신앙생활의 초점은 점점 개인적인 욕망과 필요에 맞춰졌고, 결국 예수님은 내가 원하는 것을 이뤄주는 수단으로만 존재하게 되었습니다. 그 결과 나의 기도와 헌신은 순전히 내가 원하는 것, 내가 성취하고자 하는 것에 집중되었습니다. 예수님께 영광을 돌리는 삶이 아니라 예수님이 내 삶을 위한 도구로 전락하고 말았습니다.

이러한 모습은 내가 신앙생활을 했던 교회뿐 아니라 많은 교회에서 흔히 볼 수 있습니다. 복음의 본질이 예수 그리스도의 영광과 하나님 나라의 확장에서 벗어나 개인의 번영과 성공, 자아실현에 집중되면서 예수님 중심의 삶이 아니라 나 중심의 삶으로 변질되는 것입니다. 그 결과 많은 성도가 신앙의 본질을 놓치게 됩니다.

성경은 신앙생활의 중심이 분명 예수 그리스도임을 가르칩니다. 바울 사도는 "내가 그리스도와 함께 십자가에 못 박혔나니 그런즉 이제는 내가 사는 것이 아니요 오직 내 안에 그리스도께서 사시는 것이라"(갈라디아서 2:20)라고 고백합니다.

진정한 신앙생활은 나 자신이 아니라 그리스도께서 내 삶의 중심이 되시고 나를 인도하시는 것입니다. 하지만 오늘날 많은 교회에서 전해지는 메시지는 그와 다릅니다. 신앙의 목적이 하나님 나라를 위한 헌신과 복종, 예수님께 영광을 돌리는 삶에 있지 않고, 복음이 개인의 욕구와 성취를 이루는 수단으로 이용되고 있습니다. 결국 신앙의 길에서 멀어지게 하는 심각한 영적 왜곡을 가져옵니다.

그리스도인의 신앙생활은 내가 아니라 예수님이 중심이 되는 삶입니다. 나의 욕망과 계획이 아니라 오직 하나님의 뜻과 그분의 계획이 최우선이 되는 삶입니다. 내가 중심이 될 때 신앙은 변질되고 왜곡되며, 결국 진정한 기쁨과 만족을 얻을 수 없습니다.

성경은 우리에게 분명히 "그런즉 너희는 먼저 그의 나라와 그의 의를 구하라 그리하면 이 모든 것을 너희에게 더하시리라"(마태복음 6:33)라고 말씀하십니다. 우리가 진정한 기쁨과 만족을 얻는 길은 하나님 나라와 그분의 뜻을 먼저 구하는 것입니다. 그럴 때 비로소 하나님께서는 우리의 모든 필요를 채워 주시고 진정한 평안과 기쁨을 주십니다.

내가 경험한 신앙의 혼란과 갈등은 예수님을 중심으로 하는 삶에서 벗어나 나 자신을 중심으로 삼았기 때문에 얻은 결과였습니다. 이제 나는 다시 성경으로 돌아가 오직 예수님을 중심으로 한 삶을 살고자 합니다. 나의 욕망과 필요를 채우는 삶이 아니라 오직 예수님께서 원하시는 삶을 살아가고자 합니다. 예수님만이 내 삶의 주인이시며, 그분의 뜻을 따라 살아가는 삶이야말로 가장 복되고 의미 있는 삶인 것을 알기 때문입니다.

오직 예수님만이 우리의 삶과 신앙의 참된 중심입니다. 그리스도께서 중심이 될 때 우리는 자유함과 평안을 누리고, 삶의 목적을 발견할 수 있습니다. 예수님 중심의 삶은 결코 우리를 억압하거나 불행하게 하지 않습니다. 오히려 그리스도께서 중심이 될 때 우리의 삶은 의미와 가치를 발견하게 되고, 참된 생명과 풍성함도 누릴 수 있습니다.

우리가 다시금 예수님 중심의 삶을 회복하길 소망합니다. 이로써 우리는 하나님께서 원하시는 참된 삶을 살아갈 수 있습니다. 그것이야말로 하나님께서 우리에게 주신 바른 신앙의 모습입니다.

번성의 기름 부음을
받는다?

교회에서 종종 '번성의 기름 부음'이라는 표현을 들었습니다. 이 표현은 교회에서 매우 중요하게 여겨졌으며, 목회자들은 성도들에게 "번성의 기름 부음을 받으면 삶이 풍성해지고 성공하게 된다"는 설교를 자주 했습니다. 그 당시 나는 이 말이 참 좋았고, 번성의 기름 부음을 받기 위해 열심히 기도하며 헌신했습니다.

예배와 기도 모임에서는 특히 이 '번성의 기름 부음'을 받기 위한 시간이 있었습니다. 리더들은 기름 부음을 받을 때 인생이 바뀌고, 경제적으로 풍성해지며, 건강과 성공도 따라온다고 강조했습니다. 그래서 나는 기름 부음을 받기 위해 간절히 기도했고, 그것이 내 삶의 문제들을 해결해주고 나를 번성하게 해주리라 믿었습니다.

처음에는 기름 부음을 받는 체험을 했다고 생각했습니다. 예배 중에 감정이 고조되고, 목회자가 안수할 때 몸이 떨리고 눈물이 쏟아지기도 했습니다. 그 순간은 정말 하나님께서 나에게 특별한 능력과 축복을 주셨다고 믿었습니다. 그런데 시간이 지나면서 그런 체험들이 실제로는 나의 삶에 변화를 일으키지 못한다는 것을 깨닫기 시작했습니다.

그런 체험이 반복될수록 나는 오히려 더 큰 혼란과 실망에 빠졌습니다. 처음엔 기름 부음을 받았다고 생각했지만, 현실에서는 내 삶이 전혀 번성하거나 풍성해지지 않았습니다. 경제적인 문제는 여전히 그대로였고, 건강이나 인간관계도 특별히 개선된 것이 없었습니다. 내가 받은 '번성의 기름 부음'이라는 체험은 순간적인 감정의 고조였을 뿐 실제 삶의 문제를 해결하지는 못했던 것입니다.

이후로 나는 번성의 기름 부음이라는 것은 성경에서 가르치는 것이 아님을 확인하게 되었습니다. 성경 어디에도 우리가 특별한 기름 부음을 받아 경제적 번영과 세상적 성공을 약속받는다는 가르침은 없습니다. 오히려 성경은 신앙의 길이 고난과 어려움 속에서 하나님을 신뢰하고 따르는 것이라고 가르칩니다.

성경을 보면 사도 바울은 이렇게 고백합니다.

나는 비천에 처할 줄도 알고 풍부에 처할 줄도 알아 모든 일 곧 배부름과 배고픔과 풍부와 궁핍에도 처할 줄 아는 일체의 비결을 배웠노라 내게 능력 주시는 자 안에서 내가 모든 것을 할 수 있느니라

_ 빌립보서 4장 12~13절

바울은 번성의 기름 부음이나 세상적 성공을 구하지 않고, 오직 그리스도 안에서 만족하며 그분께 의지하는 삶을 보여준 인물입니다.

그런데도 많은 교회에서는 성경의 가르침대로 따르지 않고 오직 번영과 성공을 위한 기름 부음을 강조하고 있습니다. 번성의 기름 부음이라는 이름 아래 사람들의 욕망과 탐욕을 자극하고, 그것이 마치 하나님의 뜻인 양 왜곡된 메시지를 전하고 있습니다. 결국 교회 안에서마저 복음의 본질이 흐려지고, 성도들은 점점 더 세상적인 가치관에 빠져들게 됩니다.

성경적 신앙은 결코 세상적인 번영과 성공을 목표로 삼지 않습니다. 물론 하나님께서는 우리의 삶을 축복하시고 돌보시지만, 그것은 우리가 특별한 기름 부음을 받기 때문이 아니라 하나님께서 주권적으로 인도하시는 것입니다. 신앙생활의 목적은 번영이나 성공이 아니라 하나님을 알고 그분과 깊은 관계를

맺는 것입니다.

우리가 기억해야 할 점은, 성경이 말하는 '기름 부음'은 특별한 능력이나 번영을 얻는 것이 아니라 하나님께서 우리에게 성령을 통해 내주하시며 우리를 인도하신다는 의미라는 것입니다. 성령의 기름 부음은 우리가 하나님을 더욱 잘 알고 그분의 뜻에 따를 수 있게 하는 것입니다. 그것은 결코 우리의 욕망을 이루는 수단이 될 수 없습니다.

하나님께서 우리에게 원하시는 삶은 세상적 번영과 성공에 초점을 맞춘 삶이 아니라, 어떤 상황에서도 하나님을 신뢰하고 그분께 영광을 돌리는 삶입니다. 성경은 성도의 삶이란 고난과 어려움 속에서도 하나님을 신뢰하고 믿음으로 인내하는 삶임을 자주 강조합니다. 그러한 삶이 진정한 신앙의 열매이며, 하나님께서 우리에게 원하시는 모습인 것입니다.

나는 번성의 기름 부음이라는 잘못된 가르침에서 벗어나 성경적 진리로 돌아왔을 때 비로소 평안과 기쁨을 경험할 수 있었습니다. 더 이상 내 삶의 성공과 번영을 위한 특별한 기름 부음을 구하지 않고, 오직 그리스도와 그분의 은혜만을 구하게 되었습니다.

나는 이제 번성의 기름 부음을 받기 위해 애쓰지 않습니다. 그 대신 하나님께서 내 삶 가운데 주시는 모든 상황에 감사하며 그분을 신뢰하고 따르기로 결심했습니다. 하나님은 내가 어떤 상황에서도 믿음으로 살아가며 더 깊은 관계 맺기를 원하십니다.

성경이 말하는 참된 기름 부음은 이미 우리에게 주어진 성령의 내주하심과 인도하심입니다. 우리는 이미 성령님과 함께하며 그분의 인도를 받고 있습니다. 우리는 특별한 기름 부음을 반복적으로 구할 것이 아니라 이미 주어진 성령의 은혜에 감사하며, 그분과 더욱 친밀하게 동행하는 삶을 살아야 합니다.

가난의 영, 음란의 영, 혼미한 영은
성경적인가?

나는 오랫동안 신앙생활을 하며 삶의 문제 뒤에는 항상 보이지 않는 어떤 '영'이 작용한다고 배워왔습니다.

"여러분의 삶에 역사하는 가난의 영을 끊어야 합니다."

"음란의 영 때문에 죄에서 벗어나지 못하는 것입니다."

"혼미한 영이 막고 있어서 말씀이 들리지 않는 것입니다."

어느 기도회나 집회에서든 자주 이런 말을 들을 때마다 마치 더 높은 차원의 영적 세계를 알게 된 것 같은 착각이 들곤 했습니다. 실제로 나는 내 삶이 무너지고 반복적인 죄에서 벗어나지 못하는 이유는 내 안에 그런 '영'이 있기 때문이며, 그 영들이 떠나야 비로소 삶을 회복할 수 있다고 믿었습니다.

때로는 혼자 방 안에서 "음란의 영아, 내게서 떠나라!"라고 자신을 향해 소리쳤고, 경제적 어려움이 계속될 때는 "가난의 영아, 예수의 이름으로 명하노니 떠나가라!"라고 큰 소리로 선포하며 기도하기도 했습니다. 하지만 그렇게 외치고 간절히 기도한 뒤에도 현실은 달라지지 않았습니다. 분명히 악한 영을 꾸짖고 대적 기도도 했건만 내 안의 죄는 그대로였고, 상황도 전혀 나아지지 않았습니다.

문제가 좀처럼 해결되지 않자 시간이 갈수록 점점 더 혼란스러워졌고, 문득 '혹시 내가 뭔가 잘못 알고 있는 게 아닐까?' 하는 생각이 들었습니다. 그리고 근본적인 의문이 고개를 들었습니다.

"내가 지금까지 믿어온 그 '영적 이름'들이 과연 성경에 나올까? '가난의 영', '음란의 영', '혼미한 영' 같은 표현이 성경적으로 타당한 개념일까?"

나는 성경을 펼쳐서 그것을 확인해보기로 했습니다. 처음에는 호세아 4장 12절에서 '음란한 마음'이라는 표현을 발견하고, 이것이 내가 찾던 근거라고 생각했습니다. 하지만 다시 찬찬히 읽어보니 그 표현은 귀신을 의미하는 것이 아니라 하나님을 떠난 이스라엘 백성의 타락한 내면 상태를 묘사한 것이었습니다. 또한 이사야 29장 10절에 나오는 '깊이 잠들게 하는 영'도 마찬가지였습니다. 처음에는 이것이 '혼미한 영'을 뜻한다고 생각했는데, 그것은 하나님께서 백성들에게 내리신 심판을 설명하는 표현이지 귀신의 역사로 축사해야 할 대상이 아니었습니다.

결정적으로 나를 깨닫게 한 것은 마가복음 7장에서 예수님이 하신 말씀이었습니다.

> 속에서 곧 사람의 마음에서 나오는 것은 악한 생각 곧 음란과 도둑질과 살인과 간음과 탐욕과 악독과 속임과 음탕과 질투와 비방과 교만과 우매함이니
>
> _ 마가복음 7장 21~22절

이 말씀 앞에서 나는 완전히 무너졌습니다. 예수님은 분명히 모든 죄악이 사람의 '마음'에서 나온다고 말씀하셨습니다. 그 순간, 비로소 깨달았습니다. 그동안 나는 내 안의 죄를 어떤 이름을 가진 귀신 탓으로 돌리며 그에 대한 책임을 외면하고 있었던 것입니다.

솔직히 말하자면, 나는 오랫동안 내 죄를 외부의 '영적 존재' 때문이라고 믿고 싶었던 것 같습니다. '음란의 영' 때문에 내가 죄를 짓고, '가난의 영' 때문에 내가 가난하다고 여겼던 것입니다. 그런 믿음은 내 삶을 진지하게 돌아보거나 죄를 철저히 회개하기보다는 축사 기도나 영적 선포를 반복하는 데 집중하게

했습니다. 하지만 아무리 그렇게 해도 내 삶은 근본적으로 달라지지 않았습니다.

성경은 우리의 죄를 그런 이름 붙인 '영'에게 전가하라고 가르치지 않습니다. 오히려 이렇게 분명히 말씀하십니다.

> 각 사람이 시험을 받는 것은 자기 욕심에 끌려 미혹됨이니
> _야고보서 1장 14절

그렇습니다. 죄의 근원은 귀신이 아니라 바로 내 마음, 내 욕심이었습니다.

물론 성경은 악한 영의 존재를 분명히 말하고 있습니다. 그러나 성경에서 말하는 악한 영은 '더러운 영', '미혹의 영', '거짓의 영'과 같이 표현이 제한적이고 분명합니다. 오늘날 교회에서 흔히 말하는 '고아의 영', '가난의 영', '음란의 영', '열등감의 영' 같은 것은 성경 어디에도 나오지 않습니다. 그것은 대부분 신비주의적 배경과 심리적 개념이 뒤섞인, 교회 안에서 만들어진 영적 판타지일 뿐입니다.

돌이켜 보면 내가 오랫동안 어떤 '영의 이름'을 부르며 대적했던 기도는 내 삶을 전혀 바꾸지 못했습니다. 나는 문제의 원인을 늘 외부에서 찾았고, 진정으로 내 마음을 살피거나 하나

님 앞에서 책임 있게 서는 법을 외면한 채 '축사'와 '선포'라는 방식만을 반복했습니다. 나는 그런 기도로 인해 나의 죄와 제대로 직면하지 못했고, 회개와 순종으로 나아가는 길에서 자꾸만 멀어지게 되었습니다.

성경이 말하는 영적 전쟁은 우리가 흔히 들어온 것과는 전혀 다릅니다. 하나님은 우리에게 성령을 주셨고, 성령께서 하시는 가장 중요한 사역은 죄를 깨달아 회개에 이르게 하고, 하나님의 말씀을 믿고 순종하도록 우리를 이끄시는 일입니다.

바른 신앙이란 특정한 귀신의 이름을 찾아내는 것이 아니라 하나님의 말씀 앞에 자신을 비추고, 죄와 직면하며, 회개하고, 변화하는 삶입니다. 성경은 이렇게 말씀합니다.

> 하나님의 말씀은 살아 있고 활력이 있어 좌우에 날선 어떤 검보다도 예리하여 혼과 영과 및 관절과 골수를 찔러 쪼개기까지 하며 또 마음의 생각과 뜻을 판단하나니
>
> _ 히브리서 4장 12절

이제 나는 더 이상 '가난의 영'을 탓하지 않습니다. 하나님의 말씀에 불순종하고 탐욕에 빠져 있었던 나의 죄를 회개할 뿐입니다. 더 이상 '음란의 영'을 쫓아내려 애쓰지도 않습니다. 말씀

보다 욕망을 더 따랐던 죄를 하나님 앞에 자복할 뿐입니다. 또한 '혼미한 영'을 꾸짖지도 않습니다. 그 대신 성령의 도우심을 구하고, 말씀 앞에 더욱더 민감하게 반응하는 마음을 주시길 기도합니다.

하나님은 이미 우리에게 충분한 계시인 성경을 주셨습니다. 우리가 해야 할 일은 귀신의 이름을 분별해 대적하는 것이 아니라, 말씀에 비추어 날마다 자신의 죄를 직면하고 성령께서 주시는 능력으로 회개하며 변화하는 것입니다.

성경의 진리를 따라 살아갈 때 우리는 참된 평안을 누리며, 하나님이 기뻐하시는 성령의 열매를 맺을 수 있습니다. 이제는 성경이 말하지 않는 '영'을 찾아다니는 신앙을 내려놓고, 오직 하나님의 말씀만을 삶의 기준으로 삼아 순종하는 삶을 살아가려 합니다.

성경과는 거리가 먼
'영적 도해'와 '지역 귀신론'

선교와 전도의 본질이 보이지 않는 어두운 영적 세계를 먼저 파악하고 다루는 것이라고 믿었던 적이 있습니다. 나는 그때 선교란 단지 사람들에게 복음을 전하는 데 그치지 않고 특정 지역을 지배하는 강력한 귀신들을 먼저 찾아내서 쫓아내야만 복음이 효과적으로 전파된다고 생각했습니다.

그 당시 교회와 선교단체에서 흔히 사용되던 개념이 바로 '영적 도해'와 '지역 귀신론'이었습니다. '영적 도해'란 특정 지역의 영적 상황을 마치 지도처럼 분석해 그곳을 장악한 악한 영들을 찾아내고 그들의 정체를 특정하는 것입니다. 그런 귀신들을 쫓아내기 위해 '땅 밟기 기도', '결박 기도' 같은 의식을 행했고, 이를 '영적 전쟁'이라고 불렀습니다. 나는 그 설명을 들으며 신앙의 깊은 영역을 깨달은 듯한 착각에 빠졌습니다.

어느 선교단체는 세계 복음화를 위해 특정 지역을 영적으로 '정복'해야 하며, 그 지역을 지배하는 귀신들과 '공중전'을 치러야 한다고 주장했습니다. 이들은 북위 10도에서 40도 사이의 지역, 이른바 '10/40 창'을 타 종교의 근원지이자 귀신들이 집중된 장소로 간주했고, 그곳에서의 선교는 반드시 영적 전쟁으로 시작해야 한다고 가르쳤습니다. 그 가르침의 영향으로 나는 선교와 전도를 생각할 때마다 지도를 펼쳐놓고 그 지역에 존재한다고 상상되는 영적 세력을 결박하는 기도를 하곤 했습니다.

이들은 마가복음 5장에 나오는 '군대 귀신' 이야기를 자주 인용했습니다. 귀신들이 그 지역을 떠나기 싫어했다는 내용을 들어 어떤 귀신이 특정 지역을 지배하고 있다고 주장했습니다. 또 여호수아가 여리고 성을 돌았던 이야기를 '땅 밟기 기도'의 성경적 근거로 들었습니다. 나는 그때 성경을 바르게 해석하려고 노력하기보다는 리더들이 가르쳐주는 내용을 그대로 믿었고, 그들의 주장에 깊이 빠져들었습니다.

그런데 시간이 지날수록 이러한 신앙 방식은 나를 점점 더 혼란스럽고 복잡하게 만들었습니다. 결국 나의 기도 생활은 하나님과의 교제가 아니라 보이지 않는 악한 영과 싸우는 데만 집중하는 이상한 방향으로 흘러갔습니다. 그렇게 혼란한 가운데 내 안에서 근본적인 의문이 고개를 들었습니다.

"정말 성경은 '영적 도해'나 '지역 귀신론'을 말하고 있을까? 예수님과 사도들은 특정 지역을 점령한 귀신을 먼저 쫓아낸 뒤 복음을 전하셨나?"

의문을 풀기 위해 성경을 다시 펼쳐 정독했습니다. 그 결과 내가 그전까지 믿고 따랐던 주장을 뒷받침할 만한 근거는 성경 어디에도 없다는 것을 확인했습니다. 예수님과 사도들이 귀신을 쫓아낸 것은 사실이지만, 특정 지역을 지배하는 귀신 세력을 지도처럼 분석하거나 미리 결박하려는 의식을 행한 적은 전혀 없었습니다. 예수님은 마가복음 5장에서 귀신 들린 사람을 고쳐주시고는 그 지역 전체를 정화하거나 영적 지도를 그리는 일 없이 곧장 그곳을 떠나셨습니다. 여호수아가 여리고 성을 돌았던 사건도 귀신을 몰아내기 위한 영적 행위가 아니라 하나님께서 명령하신 대로 철저히 순종한 믿음의 행동이었습니다.

나는 성경이 가르치는 것과 내가 배워온 '영적 도해' 개념 사이에 큰 차이가 있음을 알게 되었습니다. '영적 도해'는 하나님과 사탄을 거의 동등한 힘을 가진 존재처럼 여기며, 이 두 세력이 지역마다 주도권을 놓고 다투는 이원론적 시각에 뿌리를 두고 있습니다.

그러나 성경은 그렇게 말하지 않습니다. 성경은 오직 하나님만이 절대적 주권자이시며, 예수 그리스도의 십자가 죽음과 부활을 통해 사탄은 이미 결정적인 패배를 당했다고 선언합니다. 성경은 결코 사탄을 하나님과 맞서 싸우는 대등한 존재로 묘사하지 않습니다. 오히려 사탄은 하나님이 허용하신 범위 안에서 제한된 활동만을 허락받은 피조물일 뿐이며, 이미 그리스도의 발 아래 굴복한 존재입니다.

그렇다면 우리는 사탄을 어떻게 이해해야 할까요? 성경은 사탄을 '대적자', '거짓의 아비', '세상을 미혹하는 자'로 묘사합니다. 사탄은 하나님의 권세 아래 있는 제한된 존재이며, 결코 하나님과 대등한 상대가 아닙니다. 예수 그리스도께서 이미 십자가에서 사탄을 결정적으로 이기셨기에 우리는 사탄을 두려워할 필요가 없습니다. 또한 영적 싸움에 집착하거나 과도하게 관심을 가질 이유도 없습니다. 성경이 가르치는 참된 영적 싸움은 하나님의 말씀과 진리 안에 굳게 서서 순종하며, 죄의 유혹을 단호히 거절하는 삶입니다.

성경은 복음의 능력이 그 자체로 충분하다고 선포합니다. 하나님께서 주신 말씀은 완전한 계시이며, 우리에게 신비한 분석이나 귀신을 결박하는 추가적 의식을 요구하지 않습니다. 복음은 이미 그리스도의 승리를 통해 모든 악한 권세를 이깁니다.

성경은 하나님의 말씀이며, 나의 신앙과 선교의 유일한 기준입니다. 이제 나는 성경이 가르치는 진리를 따라 오직 예수 그리스도의 복음을 전하며 살아가려 합니다.

레마와 로고스의 구분?

나는 한때 레마와 로고스의 구분이 아주 중요하다고 배웠습니다. 교회 목사님은 우리에게 자주 이런 말을 했습니다.

"로고스는 오래전 기록된 성경 말씀이고, 레마는 그중에서 하나님께서 특별히 지금 나에게 주시는 살아 있는 말씀입니다."

그 말대로 나는 성경을 읽다가 어느 구절에서 특별한 깨달음을 얻거나 감동을 받으면, 그것이 곧 하나님께서 지금 나에게 직접 주시는 레마의 말씀이라고 믿었습니다. 기도 중에도 어떤 성경 구절이 마음에 떠오르면, 그 말씀이 오늘 나에게 주시는 레마의 말씀이라고 생각했습니다. 그리고 레마의 말씀이 오지 않을 때는 성경을 펼쳐놓고 간절히 기다리기도 했습니다. 레마로 주어진 말씀이 로고스로 기록된 말씀보다 더 살아 있고, 하나님이 그때 그 시간에 나에게 꼭 필요한 말씀을 주신다고 믿었기 때문입니다. 그러다 보니 성경 말씀 가운데 특별히 나에게 주어진 말씀만 의미가 있다고 받아들였습니다.

주일 예배를 드릴 때도 레마의 말씀을 받는 것이 무엇보다 중요했습니다.

"오늘 이 레마의 말씀을 영으로 받아야만 하나님께서 역사하시고, 한 번의 예배로 삶이 변화됩니다."

목사님은 강대상 앞에서 그렇게 설교했고, 나는 그 가르침을 믿고 예배 시간마다 레마의 말씀을 받기 위해 간절히 기도했습니다. 설교 중에 마음이 뜨거워지거나 특별히 마음에 와닿는 성경 구절이 없을 때는 '오늘은 하나님이 내게 역사하지 않으셨다'고 낙심하기도 했습니다.

그런데 점점 뭔가 이상하다는 생각이 들었습니다.

'하나님이 성경 말씀을 주실 때 어떤 말씀은 레마로 특별히 주시고, 어떤 말씀은 로고스로 그냥 두셨을까? 정말 성경은 그런 구별을 하고 있을까?'

나는 성경을 자세히 살펴보기 시작했습니다. 원어 성경을 조금만 살펴보면 금방 알 수 있는 사실이 있습니다. 바로 '레마'와 '로고스'는 모두 하나님의 말씀 전체를 가리키는 용어로 성경에서는 상황에 따라 교차 사용된다는 점입니다. 예를 들어 요한복음 1장 1절에서 "태초에 말씀이 계시니라"라는 구절에서의 '말씀'은 헬라어로 '로고스'입니다. 이 로고스는 단순한 문장이나 개념이 아니라 예수 그리스도 자신을 가리키는 고유명사입니다. 또한 히브리서 4장 12절에서도 "하나님의 말씀(로고스)은 살아 있고 활력이 있다"고 말씀합니다. 여기서도 로고스는 단순히 기록된 말씀이 아니라 살아 있는 능력으로 나타납니다.

한편, 예수님은 마태복음 4장 4절에서 "사람이 떡으로만 살 것이 아니요 하나님의 입에서 나오는 모든 말씀(레마)으로 살 것이라"고 하셨고, 베드로전서 1장 25절에서도 "너희에게 전한 복음이 곧 이 말씀(레마)이니라"라고 표현합니다. 이처럼 성경은 때로는 로고스를, 때로는 레마를 사용합니다. 레마와 로고스는 모두 동일하게 하나님의 말씀을 뜻하며, 기능이나 능력 면에서 구분되지 않습니다.

만약 레마와 로고스가 성경 안에서 본질적으로 완전히 의미가 다른 단어라면 성경을 기록한 사도들이나 성경 저자들이 그렇게 혼용해서 번역하지는 않았을 것입니다. 특히 성령의 감동으로 성경을 기록한 저자들이라면 더욱 그러했을 것입니다. 성경은 이처럼 두 단어를 서로 바꿔 쓸 수 있는 동의어로 사용하고 있습니다.

이와는 달리 레마와 로고스 사이에 본질적 차이가 있다고 강조하는 해석은 성경 본문에서 비롯된 것이 아니라 현대의 신비주의적 흐름이나 은사주의 운동의 영향에 따른 것입니다. 이는 개인적 체험이나 감정을 신앙의 근거로 삼으려는 시도 속에서 인위적으로 만들어낸 구분일 뿐입니다. 그런데 이에 따라 성도들은 말씀을 깊이 묵상하고 순종하기보다는 예배나 기도 중에 감정적으로 강하게 다가오는 말씀만을 기다립니다. 결국 성경 전체의 권위는 약화되고, 사람들은 하나님께서 주신 모든 말씀을 귀 기울여 듣기보다는 선별적으로 자신이 감동받은 일부 구절만을 '레마'라고 여기며 붙들게 됩니다.

그러나 성경은 분명히 말합니다.

> 모든 성경은 하나님의 감동으로 된 것으로 교훈과 책망과 바르게 함과 의로 교육하기에 유익하니
>
> _ 디모데후서 3장 16절

이처럼 하나님의 모든 말씀은 권위가 있고 능력이 있습니다. 그런데 우리가 어떤 말씀은 '살아 있는 말씀'으로, 어떤 말씀은 '형식적인 말씀'으로 구분하기 시작하는 순간, 우리는 하나님의 계시가 온전하고 충분하다는 진리를 스스로 훼손하고 맙니다.

그러므로 우리는 레마와 로고스를 인위적으로 나누려는 시

도를 멈추고 성경 전체를 살아 있고 유효한 하나님의 말씀으로 받아들여야 합니다. 성경 말씀은 우리의 감정이나 상황에 따라 능력을 발휘하는 것이 아니라 언제나 능력이 있고 언제나 진리라는 것을 믿어야 합니다. 실제로 성령의 조망 가운데 말씀을 겸손히 받아들이는 자에게 하나님은 역사하시며, 그 말씀은 우리의 생각과 마음을 변화시키는 살아 있는 하나님의 음성이 됩니다.

오직 성경 말씀만이 우리 신앙의 유일한 기준입니다. 로고스든 레마든 구분 없이 성경 안에 기록된 하나님의 말씀은 모두 능력이 있으며, 그 말씀 앞에 겸손히 나아가는 자에게 하나님은 분명히 말씀하시고 일하십니다. 모든 말씀의 권위를 신뢰하는 것이 건강한 신앙을 세우는 길입니다.

성경대로 가르치지 않는
성경 말씀

교회에서는 성경을 사용했습니다. 예배 중에도 성경 구절이 끊임없이 인용되었고, 설교에서도 항상 성경이 중심이 되었습니다. 목회자와 리더들이 성경 말씀을 인용하며 가르쳤기 때문에 나는 당연히 그 가르침을 성경적인 것이라 믿었습니다. 하지만 시간이 지날수록 그들이 말하는 성경이 본래의 의미와 본질에서 얼마나 동떨어진 것인가를 알게 되었습니다.

그들은 성경 구절을 인용할 때 성경 본문을 있는 그대로 가져온 것이 아니라, 자신들이 전하고자 하는 메시지에 맞춰 성경을 이용했습니다. 예를 들어 "너희가 기도할 때에 무엇이든지 믿고 구하는 것은 다 받으리라 하시니라"(마태복음 21:22)라는 구절을 인용하며 믿음만 있으면 원하는 것을 무엇이든 얻을 수 있다고 가르쳤습니다. 처음에는 이것이 신앙생활에 큰 위로가 되었지만, 결국 성경 전체의 맥락과는 통하지 않는다는 사실을 알게 되었습니다.

사실 마태복음 21장 22절 말씀은 우리가 원하는 것은 무엇이든 무조건 얻을 수 있다는 보편적 약속이 아닙니다. 이 구절은 하나님께 나아가는 기도의 본질적 태도를 말하고 있습니다. 예수님은 제자들에게 이 말씀을 하실 때 믿음으로 기도하면 하나님께서 그들의 기도를 들으시고 그 뜻을 이루실 것이라는 점을 강조하셨습니다. 여기서 핵심은 "믿음으로 기도한다"는 것은 단순히 자기 욕망을 채우려고 기도를 드리는 것이 아니라, 하나님의 뜻을 구하고 그분의 뜻에 온전히 순종하고 의지하는 기도를 의미한다는 것입니다.

예수님은 주기도문에서 "뜻이 하늘에서 이루어진 것 같이 땅에서도 이루어지이다"(마태복음 6:10)라고 가르치시며, 우리가 기도할 때 하나님의 뜻이 이루어지기를 먼저 구해야 한다고 분명히 말씀하셨습니다. 즉, 믿음의 기도는 우리가 하나님께 무엇이든 요청할 수 있는 자유와 담대함을 주지만, 동시에 하나님의 주권과 뜻에 따라 이루어짐을 인정하고 받아들이는 겸손함을 요구합니다.

요한일서 5장 14절에서는 더욱 분명히 "그를 향하여 우리가 가진 바 담대함이 이것이니 그의 뜻대로 무엇을 구하면 들으심이라"라고 말씀합니다. 여기서는 분명히 '그의 뜻대로'라는 조건을 제시합니다. 즉, 성도의 기도는 언제나 하나님의 뜻과 일치해야 하며, 그럴 때 비로소 하나님께서 기쁘게 들으시고 응답하신다는 것입니다.

또한 성경은 때로 우리가 원하는 대로 기도가 응답되지 않을 수 있다는 것도 가르칩니다. 사도 바울도 육체의 가시를 없애 달라고 간절히 기도했지만, 하나님께서는 "내 은혜가 네게 족하도다"(고린도후서 12:9) 하시며 바울의 요청에 응답하시지 않았습니다. 하나님께서는 때로 우리가 원하는 것을 주시지 않을 수도 있고, 오히려 더 좋은 뜻과 계획으로 우리의 삶을 인도하십니다.

그러므로 마태복음 21장 22절의 진정한 의미는 우리가 믿음으로 하나님께 기도할 때, 하나님께서 그 기도를 들으시고 우리의 기도를 통해 하나님의 뜻을 이루신다는 것입니다. 기도의 응답 여부는 우리의 믿음 강도나 간절함에만 달린 것이 아니라, 우리가 하나님의 뜻과 계획을 얼마나 잘 이해하고 얼마나 깊이 거기에 순종하고 의탁하는지에 달려 있습니다.

성경의 바른 해석을 통해 기도의 의미를 깨달은 뒤, 나는 내가 원하는 것만을 구하지 않고 하나님의 뜻이 무엇인지 깊이 고민하고 그 뜻대로 이루어지기를 간구하게 되었습니다. 이것이 성경이 가르치는 기도의 의미입니다.

성경 구절은 어느 것이든 전체적인 맥락과 성경 전체의 가르침 안에서 해석해야 합니다. 그러지 않고 한 구절을 뽑아 자신의 욕망이나 생각을 합리화하거나 정당화하는 것은 성경을 잘못 사용하는 것입니다. 우리는 성경을 통해 하나님의 뜻을 온전히 이해하고, 그 뜻을 우리의 삶 속에서 이루기 위해 기도하고 순종해야 합니다.

결국 기도의 핵심은 우리의 필요와 욕망의 충족에 있지 않고 하나님께서 우리 삶 가운데 역사하시고 그분의 뜻을 이루시도록 우리 마음을 하나님께로 향하는 것입니다. 우리가 이런 믿음의 기도를 할 때 하나님께서는 그 기도를 통해 우리를 변화시키시고, 우리의 삶이 하나님의 뜻과 더 깊이 연결되도록 이끄십니다.

성경을 바르게 이해하고 진정한 의미를 알아야만 우리는 혼란과 잘못된 가르침에서 벗어나 하나님이 원하시는 삶을 살아갈 수 있습니다. 말씀을 바르게 해석하고 그것을 삶에 적용하는 것. 이것이 바로 성숙한 신앙인의 태도이며, 하나님께서 우리에게 원하시는 참된 신앙의 모습입니다.

복음은 나를 낮추고
예수님만 드러내는 것

교회에서 신앙생활을 하면서 복음이 나를 빛나게 만들고 잘 살 수 있게 하리라 생각했습니다. 교회에서 들은 많은 설교가 나의 자존감과 자신감을 북돋아주었기 때문입니다. 그때 나는 복음이란 결국 나 자신을 높이고 나를 돋보이게 하는 게 아닌가 하는 착각에 빠져 있었습니다.

교회 안에서는 종종 복음을 통해 내가 얼마나 소중하고 가치 있는 존재인지를 강조하는 메시지를 들었습니다. 물론 하나님이 우리를 사랑하시고 우리를 소중히 여기신다는 것은 분명한 진리입니다.

나는 복음의 본질이 나 자신을 높이는 것이 아니라는 것을 깨닫게 되었습니다. 복음의 핵심은 나를 낮추고 오직 예수 그리스도만을 높이는 것이었습니다.

성경에서 복음을 통해 나타난 하나님의 은혜는 우리 자신을 높이기보다는, 우리가 얼마나 죄인이고 하나님의 은혜 없이는 아무것도 할 수 없는 존재인가를 깨닫게 합니다.

> 모든 사람이 죄를 범하였으매 하나님의 영광에 이르지 못하더니 그리스도 예수 안에 있는 속량으로 말미암아 하나님의 은혜로 값 없이 의롭다 하심을 얻은 자 되었느니라
>
> _ 로마서 3장 23~24절

로마서의 이 분명한 말씀은 복음이 우리 자신을 높이고 우리의 가치를 과장하는 것이 아니라 우리가 죄인이며, 하나님의 은혜와 구원이 절실하다는 것을 깨닫게 합니다. 오직 예수 그리스도의 십자가만이 우리 죄를 씻을 수 있으며, 그분만이 우리의 구원을 이루십니다. 복음은 우리 자신을 높이는 것이 아니라 오직 그리스도만 높이고 그분의 은혜와 영광만을 드러냅니다.

내가 신앙생활을 하면서 혼란에 빠진 이유는 복음의 목적과 초점을 잘못 이해했기 때문입니다. 복음을 통해 내가 높아지고 내가 원하는 것을 얻으려고 한 것이 잘못이었습니다. 결국 복음의 본질은 나 자신의 공로와 자랑을 모두 무너뜨리고, 오직

예수 그리스도의 은혜와 영광만을 드러내는 데 있음을 알게 되었습니다.

사도 바울은 이렇게 분명히 고백합니다.

> 그러나 내게는 우리 주 예수 그리스도의 십자가 외에 결코 자랑할 것이 없으니 그리스도로 말미암아 세상이 나를 대하여 십자가에 못 박히고 내가 또한 세상을 대하여 그러하니라
>
> _갈라디아서 6장 14절

바울은 자신이 이룬 어떤 공로나 성취가 아니라 오직 그리스도의 십자가만을 자랑한다고 고백하고 있습니다.

우리가 진정으로 복음을 믿고 이해하면 우리 자신이 얼마나 연약하고 무력하며, 죄로 인해 하나님 앞에 설 수조차 없는 존재인지 철저히 깨닫게 됩니다. 복음은 우리를 철저히 낮추며, 동시에 예수님의 위대하심과 그분의 은혜와 사랑만 높이게 합니다.

복음은 우리를 하나님 앞에서 한없이 겸손하게 합니다. 우리가 복음을 제대로 이해하면 더 이상 자기 자랑이나 성취, 업적을 내세울 수 없게 됩니다. 오직 그리스도의 은혜만이 우리의 유일한 자랑이며, 우리 삶의 모든 초점은 예수님을 높이고 그

분께 영광을 돌리는 것이 되어야 합니다.

성경은 신앙생활을 통해 예수님의 성품과 겸손을 배우라고 말씀합니다. "너희 안에 이 마음을 품으라 곧 그리스도 예수의 마음이니"(빌립보서 2:5)라고 말씀하며, 예수님께서 겸손히 자신을 낮추시고 종의 형체를 가지신 것을 본받아 우리도 그렇게 살아야 한다고 가르칩니다.

복음의 능력은 우리가 예수님을 닮아가며 그분의 성품을 드러내는 데 있습니다. 복음은 우리를 더 위대하고 유명하게 하는 것이 아니라, 우리 삶을 통해 예수님의 사랑과 은혜를 나타내고 그분만 영광을 받으시게 합니다. 오직 예수님만이 우리 삶과 신앙의 중심이 되어야 합니다. 이렇게 복음을 제대로 이해하고 그 진리를 실천할 때 우리의 삶은 의미와 가치를 발견하며, 오직 하나님께 영광을 돌리게 될 것입니다.

PART 4

은혜로 구원을 받고 믿음으로 살아갑니다

참된 복음을 다시 붙들며 시작된 회복의 걸음

믿음을 확증하는
증거

"내가 정말 구원을 받았을까?"

"나는 정말 믿음 안에 있는 사람인가?"

신앙생활을 하는 많은 사람이 흔히 하는 질문입니다. 사실 신앙의 여정에서 이런 고민은 자연스럽고도 필요한 과정일 수 있습니다. 사도 바울은 이러한 질문에 대해 "너희는 믿음 안에 있는가 너희 자신을 시험하고 너희 자신을 확증하라"(고린도후서 13:5)라고 명확한 기준을 제시합니다. 우리의 믿음이 진정한 것인지 스스로 확인하고 증명해보라고 권면하고 있습니다.

그렇다면 우리의 믿음을 어떻게 시험하고 확증할 수 있을까요? 바울은 곧바로 그 기준을 제시합니다. "예수 그리스도께서 너희 안에 계신 줄을 너희가 스스로 알지 못하느냐"고 말입니다. 즉, 구원의 핵심 기준은 '예수 그리스도께서 내 안에 계시는

가?'입니다. 여기서는 내가 어떤 특별한 경험을 하거나 어떤 감정을 가졌는지가 기준이 아니고, 예수 그리스도가 내 안에 계신 것을 알고 있는지 묻고 있습니다.

이러한 믿음의 확증을 위해 우리가 분명히 알아야 할 것이 있습니다. 믿음이란 무엇인가 하는 것입니다. 믿음은 단지 우리가 간절히 원하는 것을 하나님이 주실 것이라고 믿는 막연한 기대나 바람이 아닙니다. 믿음은 그리스도께서 말씀하신 내용을 정확히 듣고, 그 말씀을 진리로 받아들이는 것입니다. 성경은 믿음을 이렇게 정의합니다.

> 그러므로 믿음은 들음에서 나며 들음은 그리스도의 말씀으로 말미암았느니라
>
> _ 로마서 10장 17절

믿음의 근거와 그 시작점은 바로 '그리스도의 말씀'입니다. 우리가 예수님의 말씀을 듣고 그 말씀의 내용이 진리임을 믿고 인정하고 받아들이는 것이 바로 믿음입니다. 예수님께서 선포하신 복음, 즉 그분이 우리 죄를 위하여 죽으시고 부활하셔서 우리에게 영생을 주신다는 그 진리를 진심으로 믿고 신뢰하는 것입니다.

예수님은 "내 말을 듣고 또 나 보내신 이를 믿는 자는 영생을 얻었고 심판에 이르지 아니하나니 사망에서 생명으로 옮겼느니라"(요한복음 5:24)라고 말씀하셨습니다. 여기서 분명히 알 수 있듯 믿음은 예수님의 '말씀'을 듣고 그것을 신뢰하는 데서 출발합니다. 이 말씀이 바로 그리스도의 복음 곧 구원의 약속이며, 이 약속을 믿는 사람은 이미 영생을 얻었다고 선언하셨습니다.

이러한 믿음은 감정이나 느낌, 개인적 체험과 같은 주관적 요소에 의존하지 않습니다. 믿음은 객관적인 사실, 즉 그리스도께서 이미 성취하신 일과 그것에 대한 그분의 확실한 말씀에 기반합니다. 우리의 믿음은 그리스도의 말씀의 신실함에 의지하며, 그 말씀을 진리로 받아들이는 것입니다.

성경에는 이 사실을 더욱 분명하게 강조하는 말씀이 있습니다.

> 하나님의 아들을 믿는 자는 자기 안에 증거가 있고 하나님을 믿지 아니하는 자는 하나님을 거짓말하는 자로 만드나니 이는 하나님께서 그 아들에 대하여 증언하신 증거를 믿지 아니하였음이라 또 증거는 이것이니 하나님이 우리에게 영생을 주신 것과 이 생명이 그의 아들 안에 있는 그것이니라
>
> _ 요한일서 5장 10~11절

하나님의 아들을 믿는다는 것은 하나님께서 그리스도에 대해 주신 말씀과 증거를 온전히 신뢰하고 받아들이는 것입니다. 즉, 믿음의 본질은 하나님이 주신 약속의 말씀을 인정하고, 그 말씀에 온전히 의존하는 것입니다. 우리가 하나님의 말씀을 받아들이고 신뢰할 때 우리 안에 성령의 역사하심과 더불어 영적인 확신과 증거가 나타납니다. 이로써 우리가 구원을 받았음을 확실히 알게 되는 것입니다.

이처럼 믿음의 시작과 확증은 오직 그리스도의 말씀에 기초하고 있습니다. 그러므로 우리가 믿음을 확증하려면 하나님의 말씀을 꾸준히 듣고 묵상하며, 그 말씀의 진리를 받아들이고 말씀에 따라 살아가야 합니다. 말씀을 신뢰하는 믿음이 바로 우리의 구원을 확증하는 가장 강력하고 확실한 증거입니다.

따라서 우리는 자신의 믿음을 돌아볼 때 감정이나 체험을 기준으로 삼아서는 안 됩니다. 우리의 믿음이 그리스도의 말씀에 근거하는지, 그 말씀이 우리 안에서 실제로 역사하는지를 확인해야 합니다. 이것이 바로 사도 바울이 말한 "너희 자신을 시험하고 확증하라"는 말씀의 의미입니다.

믿음이란 결국 우리의 노력이나 감정, 특별한 체험에서 나오는 것이 아닙니다. 믿음은 오직 하나님의 말씀을 들음에서 시작되고, 그 말씀을 진리로 신뢰하며 살아가는 것입니다. 말씀을 신뢰하는 믿음만이 구원의 확실한 근거이자 증거입니다. 우리가 믿음을 가지길 원한다면 성경 말씀으로 돌아가야 합니다.

우리의 죄를 기억하지
않으시는 하나님

"믿음 안에 있는가 너희 자신을 확증하라"라는 권면 앞에 서면, 우리는 자연스럽게 자신의 죄와 허물을 바라보게 됩니다. 하나님 앞에 설 때 우리가 느끼는 가장 큰 두려움은 우리가 지은 수많은 죄와 허물이 하나님과 우리 사이를 갈라놓지는 않을까 하는 것입니다. 우리의 양심이 스스로 죄를 기억하고 그 기억 속에서 괴로워할 때, 하나님은 분명한 말씀으로 우리를 위로하십니다.

하나님은 예수 그리스도를 "피로써 믿음으로 말미암는 화목제물로 세우셨다"(로마서 3:25)고 말씀하십니다. 이 말씀의 핵심은 우리의 죄가 얼마나 크고 무겁든지 그리스도의 십자가 보혈이 그것을 완전하게 씻어내었다는 것입니다. 예수님의 피는 우리의 죄를 용서하는 유일하고 완전한 방법이며, 이 피를 믿는 모든 사람은 하나님과 완전한 화목의 관계로 나아가게 됩니다.

이 성경 구절에서 우리가 주목해야 할 것은 "하나님께서 길이 참으시는 중에 전에 지은 죄를 간과하셨다"는 말씀입니다. 하나님께서 우리의 죄를 용서하시고 기억하지 않으시는 것은 우리의 죄를 가볍게 여기시기 때문이 아닙니다. 오히려 하나님께서는 그 죄를 다 아시면서도 우리를 대신해 죄의 대가를 치르신 그리스도의 십자가를 보시고 용서하신 것입니다.

하나님은 "그들의 죄와 그들의 불법을 내가 다시 기억하지 아니하리라"(히브리서 10:17)라고 분명히 말씀하십니다. 이 약속은 우리의 마음속에 깊이 각인해야 하는 진리입니다. 하나님께서 용서하신 죄는 다시는 기억되지 않습니다. 이는 단순히 눈감아주거나 덮어두는 것이 아니라 완전히 지워버리고 더 이상 죄를 언급하지 않으신다는 의미입니다.

많은 사람이 자신의 과거 죄와 허물을 끊임없이 기억하며 스스로를 괴롭힙니다. 그러나 하나님은 우리가 그렇게 하기를 원치 않으십니다. 하나님은 "내가 네 죄를 기억하지 아니하리라"라고 분명히 말씀하셨습니다. 하나님께서 우리 죄를 기억하지 않겠다고 선언하셨다면 우리도 더 이상 과거의 죄에 얽매이지 말고 용서의 말씀을 온전히 받아들여야 합니다.

> 나 곧 나는 나를 위하여 네 허물을 도말하는 자니 네 죄를 기억
> 하지 아니하리라
>
> _ 이사야 43장 25절

이 성경 말씀에서 하나님은 우리의 허물과 죄를 없애시고 더이상 기억하지 않으시는 이유를 '나를 위하여'라고 말씀하십니다. 이것은 우리를 향한 하나님의 용서가 그분의 은혜와 사랑에서 기인하며, 그분 자신의 영광과 목적을 위한 것임을 나타냅니다.

하나님께서 우리의 죄를 기억하지 않으시는 이유는 그분께서 이미 우리를 그리스도 안에서 완벽히 구속하셨기 때문입니다. 우리의 죄와 허물은 이미 그리스도의 십자가 위에서 완전히 처리되었습니다. 그리스도의 공로와 희생 때문에 하나님은 우리를 바라보실 때 더 이상 우리의 죄를 보지 않으시고 오직 그리스도의 의로우심만을 보십니다.

성경에는 하나님이 다시 한번 우리에게 명확하게 약속하신 내용이 나옵니다.

내가 네 허물을 빽빽한 구름 같이, 네 죄를 안개 같이 없이하였
으니 너는 내게로 돌아오라 내가 너를 구속하였음이니라

_ 이사야 44장 22절

하나님께서 우리의 죄를 **빽빽한** 구름과 안개처럼 완전히 없
애셨다는 말씀은 우리의 죄가 더 이상 하나님과 우리 사이에
걸림돌이 될 수 없다는 강력한 선언입니다.

여기서 우리가 해야 할 일은 분명합니다. 하나님께서 우리
죄를 용서하셨다는 이 진리를 온전히 받아들이고 하나님께 돌
아오는 것입니다. 더 이상 과거에 대한 죄책감과 수치심에 묶
여 있지 말고, 우리를 용서하시고 새롭게 하신 하나님의 품으
로 담대히 나아가는 것입니다.

우리가 그리스도의 피로 인해 용서받고 구원받았음을 믿는
다면, 이제 우리 삶은 죄의 기억이 아니라 그리스도의 은혜에
사로잡혀야 합니다. 죄의 과거에서 벗어나 하나님의 자녀라는
새로운 정체성과 삶을 받아들여야 합니다.

죄에 대한 죄책감은 우리가 진정으로 회개하고 있음을 나타
내는 긍정적 표시일 수도 있습니다. 하지만 우리가 진정으로
죄를 회개하고 예수님께 맡겼다면 이제 그 죄는 완전히 용서되
고 사라진 것입니다. 우리는 더 이상 죄를 기억하고 스스로 정

죄하지 않아야 합니다. 하나님께서 기억하지 않으시는 죄를 우리가 기억하고 되살리는 것은 하나님의 말씀과 은혜를 온전히 신뢰하지 않는 행동입니다.

구원의 진정한 의미는 우리의 죄가 완전히 용서받았으며, 하나님께서 다시는 그 죄를 기억하지 않으신다는 것을 믿고 받아들이는 것입니다. 이 진리를 붙들 때 우리는 자유와 평안을 누릴 수 있습니다.

우리에게 주어진 놀라운 약속과 은혜를 기억합시다. 하나님은 우리 죄를 기억하지 않으십니다. 그리스도의 십자가 위에서 우리의 죄가 모두 처리되었기 때문입니다. 이 분명한 사실 위에서 우리는 더 이상 죄의 얽매임에 머물지 않고, 우리 죄를 기억하지 않으시는 하나님의 은혜 안에서 믿음으로 살아야 합니다. 죄를 용서하고 기억하지 않으시는 하나님의 약속이 우리의 믿음을 확증하는 가장 강력한 근거가 되어야 합니다.

그리스도 안에서 이루는
죄와 사망으로부터의 해방

우리가 신앙생활을 하며 겪는 큰 두려움 중 하나는 자신이 여전히 죄로 인해 정죄를 받을지도 모른다는 생각입니다. 과거의 잘못과 반복되는 실수를 보며 우리의 마음은 늘 정죄와 두려움 사이를 오갑니다. 하지만 하나님께서는 우리에게 약속하십니다. "그러므로 이제 그리스도 예수 안에 있는 자에게는 결코 정죄함이 없나니"(로마서 8:1)라는 명확한 선언입니다.

이 말씀은 우리가 예수 그리스도를 믿음으로써 더 이상 어떤 형태의 정죄도 받지 않는다는 확실한 약속입니다. 죄로 인한 무거운 짐과 정죄의 두려움에서 완전히 해방되었다는 것입니다. 이 놀라운 자유는 우리가 무엇을 잘해서가 아니라 오직 그리스도 예수 안에 있다는 믿음으로부터 얻는 은혜입니다.

성경은 그 이유를 더 명확히 설명합니다.

이는 그리스도 예수 안에 있는 생명의 성령의 법이 죄와 사망의
법에서 너를 해방하였음이라

_ 로마서 8장 2절

여기서 말하는 '생명의 성령의 법'이란 바로 성령님께서 우리에게 주신 생명과 구원의 능력입니다. 이 생명의 성령이 우리 안에서 역사하기 때문에 우리는 더 이상 죄와 사망의 지배를 받지 않습니다.

율법은 분명히 선하고 완전한 하나님의 법입니다. 그러나 율법은 우리의 죄를 깨닫게 할 뿐 우리를 죄의 속박에서 벗어나게 할 능력은 없습니다. 그래서 성경은 "율법이 육신으로 말미암아 연약하여 할 수 없는 그것을 하나님은 하시나니…"(로마서 8:3)라고 말씀합니다. 하나님께서는 율법이 이루지 못한 일을 예수 그리스도의 성육신과 십자가를 통해 완성하셨습니다.

하나님은 "자기 아들을 죄 있는 육신의 모양으로 보내어 육신에 죄를 정하셨다"고 하셨습니다. 즉, 그리스도께서 우리 죄를 짊어지고 대신 심판을 받으심으로써 우리의 모든 죄를 정리하신 것입니다. 이에 따라 우리의 죄는 더 이상 우리를 정죄할 수 없으며, 하나님 앞에서 우리가 의롭게 되는 길

이 완성되었습니다.

이것이 바로 세례 요한이 예수님을 처음 보았을 때 선포한 말씀의 의미입니다. 그는 예수님을 향해 "보라 세상 죄를 지고 가는 하나님의 어린 양이로다"(요한복음 1:29)라고 외쳤습니다. 어린 양 예수님께서 우리의 죄를 짊어지고 대신 죄의 형벌을 받으셨기에 우리는 더 이상 무거운 죄짐을 지지 않아도 됩니다.

로마서 3장 23~24절을 보면 모든 사람이 죄를 범하여 하나님의 영광에 이를 수 없었지만, 오직 그리스도 예수 안에 있는 속량을 통해 하나님께서 우리를 의롭다 하셨다고 말씀합니다. 이 속량은 우리가 어떤 공로로 얻는 것이 아니라 오직 하나님의 은혜로 값없이 주어진 놀라운 선물입니다.

이로써 하나님은 우리의 죄를 완전하게 처리하시고 용서하셨습니다. 시편에 나오는 "동이 서에서 먼 것 같이 우리의 죄과를 우리에게서 멀리 옮기셨으며"(시편 103:12)라는 약속은 우리의 죄를 완전히 제거함을 상징합니다. 하나님께서는 우리의 죄를 아주 먼 곳으로 옮기셔서 다시는 우리와 가까워질 수 없게 하신 것입니다.

다음은 하나님의 은혜의 본질을 표현한 성경 말씀입니다.

다시 우리를 불쌍히 여기셔서 우리의 죄악을 발로 밟으시고 우리의 모든 죄를 깊은 바다에 던지시리이다

_ 미가 7장 19절

이 말씀은 우리의 죄가 다시는 발견될 수 없게 완벽하게 처리되었음을 보여줍니다. 하나님께서 우리 죄를 깊은 바다에 던지셨기에 우리의 죄는 더 이상 우리를 괴롭힐 수 없습니다.

그러므로 예수님을 믿는 자에게는 심판이 없습니다. 성경은 "그를 믿는 자는 심판을 받지 아니하는 것이요"(요한복음 3:18)라고 분명히 말씀합니다. 이는 우리가 심판받지 않을 것이라는 미래의 소망이 아니라 이미 그리스도를 믿는 순간 심판이 끝난 현실을 선언하는 말씀입니다.

예수 그리스도께서 우리를 대신해 이미 심판을 받으셨기 때문에 우리는 결코 정죄함을 받지 않습니다. 우리의 모든 죄는 예수님의 십자가 위에서 완전하게 해결되었습니다. 따라서 우리는 하나님의 심판을 두려워할 필요가 없습니다. 이미 사망에서 생명으로 옮겨졌으므로 영원한 구원의 확신 가운데 살아갈 수 있습니다.

이 진리를 더 강력하게 확증하는 말씀이 성경에 있습니다.

한번 죽는 것은 사람에게 정해진 것이요 그 후에는 심판이 있으리니 이와 같이 그리스도도 많은 사람의 죄를 담당하시려고 단번에 드리신 바 되셨고 구원에 이르게 하기 위하여 죄와 상관없이 자기를 바라는 자들에게 두 번째 나타나시리라

_ 히브리서 9장 27~28절

모든 사람은 한 번 죽고, 죽은 뒤에는 심판을 받습니다. 그러나 그리스도께서는 이미 우리의 죄를 담당하시기 위해 단번에 죽으셨고, 이제 죄와 상관없이 우리를 구원하시기 위해 다시 오실 것입니다. 이것은 우리의 죄 문제가 그리스도의 십자가로 완전히 해결되었음을 명백히 나타내는 진리입니다.

이 놀라운 진리를 믿고 확신할 때 우리는 진정한 자유와 평안을 경험할 수 있습니다. 우리는 더 이상 죄책감과 정죄의 두려움에 얽매일 필요가 없습니다. 하나님께서 그리스도를 통해 이루신 완전한 구원을 믿음으로 받아들이고 담대하게 하나님 앞에 나아갈 수 있기 때문입니다.

예수 그리스도 안에 있는 생명의 성령의 법이 우리를 죄와 사망의 법에서 완전히 해방했습니다. 그러므로 우리는 더 이상 죄로 인해 하나님 앞에서 두려워할 필요가 없습니다. 하나님께서는 우리의 죄를 완전히 용서하셨으며, 그 죄를 다시는 기억

하지 않으시겠다고 약속하셨습니다.

　이제 우리가 해야 할 일은 이 진리를 온전히 믿고, 우리의 삶을 이 진리 위에 세우는 것입니다. 죄의 기억을 붙잡고 죄책감에 갇혀 살지 말고, 그리스도의 완전한 구원과 용서를 누리며 살아야 합니다.

　그리스도 안에서 주어진 이 완전한 구원의 은혜는 우리의 삶을 변화시키는 놀라운 능력이 있습니다. 우리는 이 은혜로 인해 하나님과의 관계를 회복하고 진정한 자유와 평안을 누릴 수 있게 됩니다. 더 이상 죄가 우리를 지배하지 않으며, 정죄가 우리를 가두지 못합니다.

　이제 우리 삶의 중심은 죄에 대한 두려움과 불안이 아니라 그리스도 안에서 주어진 하나님의 사랑과 은혜에 대한 기쁨과 감사가 되어야 합니다. 하나님께서 우리의 모든 죄를 완전히 해결하시고 기억조차 하지 않으신다는 놀라운 진리를 날마다 되새기며 살아야 합니다. 하나님께서는 우리에게 이 확실한 약속을 주셨습니다. 그리스도 안에 있는 자에게는 결코 정죄함이 없다는 진리 위에 우리의 믿음과 삶을 견고히 세우고, 하나님의 자녀로서 담대히 살아갑시다.

구원은 우리의 행위가 아닌
오직 하나님의 은혜로

하나님의 구원의 은혜가 얼마나 놀랍고 풍성한지를 깨닫는 순간, 우리 마음속에 본성적으로 하나의 질문이 떠오릅니다.

'나는 구원을 받기 위해 무엇을 해야 하는가?'

우리는 항상 뭔가를 해야만 얻을 수 있다는 생각에 익숙해져 있기 때문입니다. 세상의 모든 일은 노력과 대가를 통해 이루어집니다. 하지만 구원의 문제에 대해서만은 성경이 명확한 답을 제시합니다.

바울 사도는 이 점을 명쾌하게 설명합니다. "일하는 자에게는 그 삯이 은혜로 여겨지지 아니하고 보수로 여겨지거니와"(로마서 4:4)라는 말씀입니다. 이 말씀은 우리가 만약 어떤 행위를 통해 구원을 얻을 수 있다면 그 구원은 은혜가 아니라 당연히 받아야 할 보수가 될 것이라고 가르칩니다. 행위로 얻는 것은 더 이상 하나님의 자비로운 선물이 아니라 우리의 수고에 따른 대가인 것입니다.

만약 우리가 자신의 노력이나 선행으로 하나님께 인정받을 수 있다면 그것은 더 이상 은혜가 아닙니다. 은혜는 받을 자격이 전혀 없는 자에게 주어지는 선물이기 때문입니다. 우리의 어떤 선행이나 노력으로도 하나님 앞에 완벽하게 설 수는 없습니다. 그래서 하나님의 은혜는 우리의 어떠한 노력으로도 얻을 수 없는, 오직 하나님께서 주시는 선물입니다.

바울은 이 놀라운 진리를 더욱 분명하게 선언합니다.

> 허물로 죽은 우리를 그리스도와 함께 살리셨고 (너희는 은혜로
> 구원을 받은 것이라)
>
> _ 에베소서 2장 5절

이 성경 구절은 우리의 영적 상태가 얼마나 절망적이었는지를 보여줍니다. 우리는 허물과 죄로 인해 영적으로 완전히 죽어 있었고, 하나님 앞에 서서 뭔가를 할 능력조차 없는 상태였습니다. 영적으로 죽은 사람은 자기 자신을 구원할 능력도, 의지도 없습니다. 그러므로 우리가 구원받을 수 있는 유일한 방법은 하나님께서 친히 개입하시는 길뿐입니다. 하나님께서는

허물과 죄로 죽은 우리를 그리스도와 함께 살리셨습니다. 이 놀라운 일은 오직 하나님의 은혜로만 가능합니다.

구원은 우리가 하나님께 나아가기 위해 뭔가를 해야만 얻어지는 것이 아닙니다. 오히려 우리가 아무것도 할 수 없는 무력한 상태일 때 하나님께서 친히 우리에게 다가오셔서 주시는 것이 은혜입니다. 성경은 이 놀라운 사실을 더욱 강력하게 선포합니다.

> 너희는 그 은혜에 의하여 믿음으로 말미암아 구원을 받았으니
> 이것이 너희에게서 난 것이 아니요 하나님의 선물이라
>
> _ 에베소서 2장 8절

구원은 오직 하나님의 은혜이며, 이 은혜를 받는 방법은 우리의 믿음뿐입니다. 여기서 말하는 믿음이란 바로 하나님께서 그리스도를 통해 이루신 구원의 약속을 신뢰하고 받아들이는 것입니다. 우리가 믿음을 가지는 것조차 자신의 힘과 능력에서 나오는 것이 아닙니다. 하나님께서 우리 마음속에 역사하셔서 믿음을 갖게 하신 것입니다.

성경은 "행위에서 난 것이 아니니 이는 누구든지 자랑하지 못하게 함이라"(에베소서 2:9)라고 다시 한번 강조합니다. 만약

우리가 우리의 행위로 구원을 얻을 수 있다면 그것은 우리의 자랑이 될 것입니다. 그러나 성경은 구원이 우리의 행위가 아니라 철저히 하나님의 은혜라는 점을 분명히 밝히고 있습니다. 그래서 누구도 자신의 공로를 내세울 수 없고, 오직 하나님께만 모든 영광과 찬양을 돌릴 수밖에 없는 것입니다.

구원받은 성도들이 하나님 앞에서 겸손해야 하는 이유가 바로 이것입니다. 우리가 받은 모든 영적 축복과 구원은 우리의 노력이나 행위에서 나온 것이 아니라 오직 하나님의 크고 놀라운 은혜의 결과물이기 때문입니다. 이 사실을 깨달으면 우리는 더 이상 자신을 자랑하거나 다른 사람과 비교하지 않고 오직 하나님께만 감사하며 살게 됩니다.

우리의 신앙생활은 결코 하나님의 은혜를 얻기 위한 수단이 아닙니다. 이미 하나님께서는 아무 조건 없이 우리를 용서하시고 사랑하셨으므로 우리의 삶은 그 은혜에 대한 반응으로 나타나는 것뿐입니다. 선행과 순종은 구원을 얻기 위한 조건이 아니라 이미 받은 구원의 은혜에 감사해 자연스럽게 드러나는 삶의 열매입니다.

행위에 근거한 신앙생활은 결국 우리를 두려움과 불안으로 몰아갑니다.

"나는 충분히 했는가?"

"하나님께 인정받기 위해 더 해야 하는 것은 무엇인가?"

우리는 끊임없이 자신에게 이런 질문을 던지며 살아가게 됩니다. 그러나 은혜에 근거한 신앙생활은 우리에게 진정한 자유와 평안을 가져다줍니다. 이미 하나님께서 우리를 받아들이시고 사랑하셨기에 우리는 두려움 없이 하나님 앞에 담대히 나아갈 수 있습니다.

우리의 믿음은 우리의 공로나 행위를 의지하지 않습니다. 오직 그리스도의 십자가의 완전한 사역과 하나님의 은혜를 전적으로 의지합니다. 이것이 바로 신앙의 가장 큰 능력입니다. 우리가 비록 부족하고 연약할지라도 하나님께서는 그 은혜로 우리를 붙드시고 끝까지 우리와 함께하실 것을 약속하셨기 때문입니다.

그리스도의 은혜로 구원받은 자의 삶은 언제나 감사와 겸손으로 가득 차야 합니다. 내가 아무 자격도 없는데 하나님의 은혜로 구원받았다는 진리를 깨달을 때, 우리는 자연스럽게 교만과 자기 자랑에서 벗어나 하나님께 모든 영광을 돌리는 삶을 살게 됩니다.

그러므로 우리에게 필요한 것은 더 많은 행위나 노력이 아니라 하나님의 은혜를 더욱 깊이 깨닫는 것입니다. 하나님께서 우리를 얼마나 크고 놀라운 은혜로 구원하셨는지를 깨닫고 그

은혜 안에서 살아갈 때 우리는 진정한 변화와 능력을 경험하게
될 것입니다.

이제 구원을 얻기 위해 무언가를 해야 한다는 강박과 불안에
서 벗어나야 합니다. 구원의 은혜는 받을 자격이 전혀 없는 우
리에게 값없이 주어진 놀라운 선물입니다. 우리가 이 선물을
진정으로 누리며 살아갈 때 우리는 더 이상 죄와 두려움, 그리
고 자기중심적인 노력에서 벗어나 하나님께 진정으로 기쁨과
감사의 삶을 드리게 될 것입니다.

구원은 오직 하나님의 은혜임을 명확히 기억하고 살아가기
를 소망합니다. 이 놀라운 진리를 붙잡고 날마다 하나님 앞에
서 겸손히 감사하며 살아가는 것이 하나님께서 우리에게 원하
시는 참된 신앙의 모습입니다.

마음으로 믿고 입으로 시인하는
믿음의 고백

우리의 구원이 전적으로 하나님의 은혜로 이루어졌다는 놀라운 진리를 깨닫고 나면 우리 안에서 자연스럽게 일어나는 중요한 반응이 있습니다. 그것은 바로 믿음의 고백입니다. 하나님께서 우리에게 베푸신 놀라운 은혜를 마음으로 믿는 동시에 우리의 입술로 그 믿음을 분명히 고백하는 것입니다.

사도 바울은 이 중요한 원리를 "사람이 마음으로 믿어 의에 이르고 입으로 시인하여 구원에 이르느니라"(로마서 10:10)라는 말씀으로 설명합니다. 이 구절은 우리의 믿음이 단지 마음속에 머물러 있는 데 그치는 것이 아니라 반드시 입술로 표현되어야 함을 강조하고 있습니다.

이 말씀에서 우리는 두 가지 중요한 원리를 발견하게 됩니다.

첫째는 마음으로 믿는 것입니다. 믿음은 단순히 지식적으로

동의하거나 머릿속에서 생각하는 것이 아닙니다. 믿음은 진심으로 그리스도의 복음을 마음에 받아들이고 신뢰하는 것입니다. 우리의 마음 깊은 곳에서 그리스도께서 우리의 죄를 대신해 십자가에서 죽으시고 부활하신 그 구원의 진리를 온전히 인정하고 받아들일 때, 우리는 의롭다 하심을 얻게 됩니다.

믿음으로 얻는 의로움은 인간의 공로나 행위에 따른 것이 아닙니다. 믿음으로 의롭다 하심을 얻는다는 것은 그리스도의 의를 우리 것으로 간주하시는 하나님의 놀라운 법적 선언입니다. 우리는 죄인인데 하나님께서 그리스도의 완전한 의를 우리에게 덧입히셔서 우리를 의로운 자로 받아주시는 것입니다.

이 놀라운 의로움은 우리가 느끼는 감정이나 상황과 무관하게 확고한 진리입니다. 우리가 믿음으로 나아갈 때 하나님께서는 더 이상 우리의 죄와 허물을 보지 않으시고 오직 그리스도의 완전한 의만을 보십니다. 이로써 우리는 하나님과의 완전한 관계, 즉 화평을 누리게 됩니다.

성경은 이러한 진리를 강력하게 선언합니다.

그러므로 우리가 믿음으로 의롭다 하심을 받았으니 우리 주 예수 그리스도로 말미암아 하나님과 화평을 누리자

_로마서 5장 1절

우리가 믿음으로 의롭게 된 뒤 누리는 가장 큰 축복은 바로 하나님과의 화평입니다. 더 이상 하나님과 우리 사이에 죄의 장벽이 존재하지 않으며, 완전한 화목과 평화의 관계로 회복된 것입니다.

이제 우리는 하나님과의 관계에서 더 이상 두려워하거나 숨을 필요가 없습니다. 하나님의 진노가 아니라 그리스도의 희생으로 인한 완전한 용서와 사랑을 경험하기 때문입니다. 우리는 하나님 앞에 자유롭고 담대하게 나아갈 수 있습니다. 하나님께서 이미 우리를 받아주셨으며, 그 사랑과 용서는 영원히 변치 않을 것입니다.

믿음으로 말미암아 하나님과의 관계에서 화평을 누린다는 것은 우리의 삶에 깊은 안정감과 평안함을 줍니다. 세상의 어떤 환난이나 고난이 와도 우리는 흔들리지 않을 것입니다. 우리와 하나님 사이에 이미 완벽한 평화가 확립되었기에 우리는 인생의 어떤 상황에서도 하나님을 의지하며 담대하게 살아갈 수 있습니다.

둘째는 믿음을 입술로 시인하는 것입니다. 이 놀라운 평안을 경험한 사람이라면 자연스럽게 그리스도를 향한 믿음을 입으로 고백할 수밖에 없습니다. 진정으로 믿는 사람은 반드시 그 믿음을 입으로 표현하고 선포하게 되어 있습니다. 입술로 믿음을 고백하는 것은 단순히 형식적인 행동이 아니라 우리 마음속에 실제로 역사하신 하나님의 구원을 세상에 드러내고 증거하는 표현입니다.

믿음의 고백은 우리의 신앙을 확증하고, 우리 자신의 믿음이 확고하다는 사실을 스스로에게도 재확인시킵니다. 우리가 믿음을 입술로 선포할 때, 그것은 우리 자신의 마음에도 깊이 새겨지고 이로써 우리의 믿음은 더욱 견고해집니다.

믿음을 입술로 시인하는 일은 우리의 삶 전체를 그리스도께 헌신하고 그분을 따라 살아가겠다는 결단을 나타냅니다. 우리는 믿음을 마음속에만 숨겨두는 것이 아니라 담대하게 표현하고 삶에서 실천하며 살아가야 합니다. 입술로 믿음을 고백하는 사람은 삶으로도 그 믿음을 분명히 나타내기 때문입니다.

그러므로 우리는 신앙생활 가운데 늘 믿음의 고백을 분명히 해야 합니다. 하나님께서 그리스도를 통해 이루신 구원의 진리를 마음으로 믿고 입술로 분명히 선포합시다. 하나님 앞에서뿐만 아니라 사람들 앞에서도 분명히 믿음을 고백하며 살아야 합니다.

우리가 하나님과의 화평을 온전히 누리게 된 것은 우리의 선행이나 노력 때문이 아니라 그리스도께서 우리를 위해 십자가에서 이루신 구원의 은혜입니다. 이 사실을 입술로 담대히 고백하고 선포할 때 우리의 신앙은 더욱 굳건하고 깊어집니다.

우리 모두 하나님께서 우리에게 주신 구원의 은혜를 마음으로 온전히 믿고, 입술로 담대히 고백하며 살아가기를 소망합니다. 이것이 바로 하나님께서 우리에게 원하시는 참된 신앙인의 삶입니다. 이 믿음과 고백 위에 우리의 삶을 견고히 세우고, 날마다 하나님과 화평한 가운데 살아가야 합니다. 하나님께서 우리에게 허락하신 놀라운 은혜와 구원의 기쁨을 날마다 경험하며 살아갑시다.

한 번 받은 구원은
결코 취소되지 않는다

구원에 대한 믿음을 고백하며 살아가는 신앙인들 가운데 종종 의심을 품고 두려워하는 이들이 있습니다. 그것은 바로 "내가 받은 구원이 언젠가 취소될 수도 있지 않을까?" 하는 의심입니다. 신앙생활을 하면서 연약함과 반복되는 죄 그리고 실패를 계속 경험할 때, 우리는 종종 우리 자신의 구원 상태에 대해 확신을 잃고 불안해합니다. 하지만 성경은 우리에게 놀랍고도 확실한 진리를 말씀합니다. 한 번 받은 구원은 결코 취소되거나 흔들릴 수 없다는 사실입니다.

구원은 우리가 하나님께 나아가 스스로 쟁취한 결과물이 아니라 하나님께서 우리에게 일방적으로 주신 완전한 선물입니다. 하나님께서는 우리에게 자격이 있어서 구원을 주신 것이 아니라 자격 없는 우리를 향한 완전한 사랑과 은혜로 구원을 베푸셨습니다. 그러므로 그분의 은혜는 우리의 연약함이나 실패로 인해 흔들리지 않습니다. 오히려 더 확고하게 우리를 붙들어주십니다.

구원의 확실성은 우리의 감정이나 상태가 아니라 하나님의 약속과 신실하심에 달린 것입니다. 하나님께서 한 번 우리를 자녀로 삼으시고 구원하셨다면, 그 관계는 결코 끊기지 않습니다. 우리가 때로 믿음에서 멀어지고 하나님을 실망시킬지라도 하나님께서는 그 약속을 결코 깨뜨리시지 않고 끝까지 우리를 붙드십니다.

예수님께서 십자가 위에서 이루신 구원의 역사는 단회적이며 완전합니다. 예수님의 십자가는 우리의 모든 죄, 과거와 현재와 미래의 모든 죄를 완벽히 없애셨습니다. 예수님의 피는 일시적으로 우리의 죄를 씻기는 것이 아니라 영원히 그리고 완전히 없애셨습니다. 그래서 우리가 한 번 받은 구원은 영원히 효력을 지닙니다.

이 구원의 확실성을 강력히 선언하는 성경 말씀이 있습니다.

> 내가 확신하노니 사망이나 생명이나 천사들이나 권세자들이나 현재 일이나 장래 일이나 능력이나 높음이나 깊음이나 다른 어떤 피조물이라도 우리를 우리 주 그리스도 예수 안에 있는 하나

님의 사랑에서 끊을 수 없으리라

_ 로마서 8장 38~39절

이 말씀은 우리가 어떤 상황에 처하든지 우리의 구원이 결코 사라지거나 취소될 수 없음을 강조하고 있습니다.

우리의 구원이 확실한 이유는 구원이 우리의 힘이나 노력에 달려 있지 않고 온전히 하나님의 은혜와 사랑에 달려 있기 때문입니다. 하나님께서는 이미 그리스도를 통해 완전한 구원을 이루셨으며, 이 구원은 우리의 상태와 관계없이 그 자체로 완전하고 확실합니다.

예수님도 이 사실을 분명히 말씀하셨습니다.

내가 그들에게 영생을 주노니 영원히 멸망하지 아니할 것이요 또 그들을 내 손에서 빼앗을 자가 없느니라 그들을 주신 내 아버지는 만유보다 크시매 아무도 아버지 손에서 빼앗을 수 없느니라

_ 요한복음 10장 28~29절

이 말씀을 통해 우리는 구원이 얼마나 견고하며 확실한지를 알 수 있습니다. 구원의 확실성은 우리의 의지나 믿음의 강도

에 좌우되지 않습니다. 물론 우리의 믿음이 흔들리고 의심이 찾아올 수는 있지만, 우리의 구원 자체는 그리스도의 신실하신 약속에 근거하기에 결코 변치 않습니다. 우리의 믿음이 약해지고 의심이 몰려올지라도 하나님은 여전히 우리를 붙들고 계십니다.

하나님의 자녀 된 우리가 실수하거나 죄를 지을 때, 성령께서는 우리 안에서 슬퍼하시며 우리를 회개의 자리로 인도하시지만 결코 우리를 버리지 않으십니다. 우리가 넘어질지라도 하나님과의 관계 자체가 단절되는 것은 아닙니다. 오히려 하나님은 우리를 끝까지 붙잡으시며 회복시키시고 다시 일으키십니다.

그리스도 안에서 구원받은 우리의 신분은 더 이상 바뀌거나 상실되지 않습니다. 하나님께서 우리를 자녀로 삼으신 이상 그 신분은 영원히 유지됩니다. 이것이 바로 성경이 분명히 가르치는 하나님의 구원의 약속입니다. 하나님의 자녀가 된 우리에게는 더 이상 정죄가 없고, 구원을 잃어버릴 일도 없습니다.

이러한 진리를 온전히 깨달을 때 우리는 진정한 자유와 확신 가운데 살아갈 수 있습니다. 우리의 연약함이나 실패에도 불구하고 구원이 완벽히 보장되는 것을 알기에 우리는 죄책감이나 불안에서 벗어나 하나님 앞에서 담대하게 살아갈 수 있습니다.

한 번 받은 구원은 절대 취소되지 않는다는 진리는 우리의 삶에 큰 위로와 격려가 됩니다. 우리가 넘어지고 쓰러지더라도 하나님께서는 여전히 우리를 사랑하시고 붙들고 계시기 때문입니다. 우리는 다시 일어나 하나님 앞에 회개하며 나아갈 수 있고, 하나님께서는 언제나 우리를 용납하시고 회복시키십니다.

이것이 바로 하나님의 변함없는 사랑과 은혜의 능력입니다. 우리가 구원의 확실성을 깊이 믿고 받아들일 때 우리의 신앙은 더욱 성숙해지고 안정되며 담대해집니다. 그러므로 우리는 구원을 다시 잃을지도 모른다는 두려움을 떨쳐버리고 하나님께서 우리에게 주신 구원의 약속을 신뢰하며, 하나님과의 관계를 더욱 친밀하게 만들어가야 합니다.

구원의 확신은 우리에게 영적인 담대함과 기쁨을 가져다줍니다. 하나님께서 끝까지 우리를 붙들고 인도하실 것을 믿기 때문입니다. 그리스도 안에서 우리에게 주어진 영원한 구원을 확신하며 살아갈 때, 우리는 하나님 앞에서 기쁨과 감사의 삶을 누릴 수 있습니다.

한 번 받은 구원은 절대 취소되지 않습니다. 하나님의 신실하심과 약속은 변함이 없으시며, 그리스도의 십자가는 완전합니다. 우리는 이 진리를 굳게 붙잡고 믿음으로 담대하게 나아가야 합니다. 하나님께서 우리에게 주신 놀라운 구원의 은혜를 날마다 되새기며 두려움 없이 하나님과 동행하는 삶을 살아야 합니다.

우리 모두 하나님께서 주신 구원의 확실성 위에서 우리의 삶을 견고히 세우고, 날마다 하나님과 더 깊은 관계 맺기를 소망합니다. 구원의 확신 가운데 담대히 살아가며 하나님께 영광을 돌리는 삶이야말로 하나님께서 우리에게 원하시는 참된 신앙인의 모습일 것입니다.

사랑하는 자를
징계하시는 하나님

우리가 그리스도 안에서 얻은 구원의 은혜는 영원하고 결코 변치 않지만, 그렇다고 해서 우리가 아무런 제약 없이 마음대로 살아도 좋다는 뜻은 아닙니다. 하나님께서 우리를 그리스도 안에서 완전한 은혜로 구원하셨을지라도 그분은 여전히 우리의 삶 가운데 인격적으로 역사하시며, 우리가 하나님의 자녀로서 올바르게 성장하고 성숙하기를 바라십니다. 그 과정 가운데 하나님은 때로 사랑의 징계를 통해 우리를 훈련하고 바로잡으십니다.

성경은 하나님께서 사랑하는 자를 반드시 징계하신다고 분명히 말씀합니다. "주께서 그 사랑하시는 자를 징계하시고 그가 받아들이시는 아들마다 채찍질하심이라"(히브리서 12:6)라는 말씀은 징계가 하나님의 사랑의 표현이며, 하나님과 우리 사이의 친밀하고 인격적인 관계를 나타내는 증거임을 분명히 보여줍니다.

많은 사람이 '징계'라는 단어를 들으면 두려움이나 거부감을 느낍니다. 징계라는 말을 벌이나 처벌로 오해하기 때문입니다. 하지만 성경에서 말하는 징계는 결코 처벌을 목적으로 하지 않습니다. 오히려 징계는 사랑하는 자녀가 올바른 길로 나아가도록 돕고, 그를 성숙한 그리스도의 제자로 만들기 위한 하나님의 깊은 관심과 돌봄입니다.

하나님께서 우리를 징계하시는 이유는 우리가 하나님께 특별히 소중하고 귀한 존재이기 때문입니다. 사랑하는 자녀가 잘못된 길로 가는 것을 막고 바른길로 인도하기 위해 부모가 엄하게 훈육하는 것과 같은 이치입니다. 이와 같이 하나님께서도 우리가 영적으로 건강하고 성숙해지도록 때로는 엄하게, 때로는 부드럽게 우리를 훈련하십니다.

하나님의 징계는 우리의 죄와 잘못을 바로잡으려는 목적도 있지만, 더 큰 목적은 우리의 성품과 인격이 그리스도를 닮은 모습으로 변화하게 하려는 것입니다. 하나님의 궁극적 관심은 우리가 단순히 편안하고 문제없는 삶을 사는 데 있지 않습니다. 오히려 하나님께서는 우리의 성품과 인격이 예수 그리스도의 형상을 닮아가게 하시기 위해 때로는 시련과 징계를 통해 우리를 다듬어가십니다.

징계는 때로 우리에게 아픔과 고통을 줍니다. 그 과정이 편하지 않을 수도 있습니다. 그러나 성경은 우리에게 이렇게 권면합니다.

> 무릇 징계가 당시에는 즐거워 보이지 않고 슬퍼 보이나 후에 그
> 로 말미암아 연단 받은 자들은 의와 평강의 열매를 맺느니라
>
> _ 히브리서 12장 11절

이와 같이 징계를 통해 우리는 더욱 강하고 성숙해지며, 하나님과 더 깊은 교제를 나눌 수 있습니다.

징계를 통해 우리는 자신의 연약함과 죄를 더 분명히 보게 됩니다. 때로는 우리가 미처 깨닫지 못하는 교만이나 잘못된 습관, 삶의 우상이 징계를 통해 드러나고 제거됩니다. 이것이 바로 하나님께서 징계를 통해 이루시려는 중요한 목적 중 하나입니다. 우리는 징계를 통해 자기 자신을 정직하게 돌아보게 되며, 하나님 앞에서 겸손히 회개하는 법을 배웁니다.

또한 하나님의 징계는 우리가 하나님의 자녀라는 확실한 증거이기도 합니다. "징계는 다 받는 것이거늘 너희에게 없으면 사생자요 친아들이 아니니라"(히브리서 12:8)라는 성경 말씀은

이 점을 명확히 합니다. 하나님께서 우리를 징계하시는 이유는 우리가 그분의 자녀이기 때문이며, 그분이 우리를 사랑하신다는 확실한 증거입니다.

징계를 받을 때 우리는 자연스럽게 징계를 회피하거나 무시하는 반응을 보입니다. 그러나 성경은 우리에게 징계를 무시하거나 싫어하지 말고, 오히려 감사히 받고 순종함으로써 하나님께 더 가까이 나아가라고 권면합니다. 징계를 피하거나 거부하는 것이 아니라 징계를 통해 하나님과 더 깊은 교제와 성숙의 길로 나아가야 합니다.

하나님의 징계는 우리를 괴롭히려는 것이 아니라 오히려 하나님과 더욱 깊이 연결하고 그리스도와 같은 모습으로 성장시키는 한 방법입니다. 우리는 징계를 통해 하나님의 사랑과 관심을 더욱 깊이 느끼고, 하나님의 사랑이 결코 감상적이거나 피상적인 것이 아니라 우리의 삶에 구체적이고 실제적인 변화를 일으키는 능력이라는 것을 깨닫게 됩니다.

징계를 경험할 때 우리의 마음은 겸손해지고 하나님 앞에서 더욱 부드러워집니다. 우리의 마음이 부드러워질수록 하나님의 음성에 더욱 민감히 반응하고, 하나님의 뜻을 더 깊이 이해하게 됩니다. 하나님께서는 이 과정을 통해 우리의 마음이 변화되고 더욱 성숙한 하나님의 자녀로 성장하기를 원하십니다.

하나님의 징계를 겪을 때 중요한 점은 그것이 우리를 향한 하나님의 사랑에서 비롯되었음을 깊이 인식하는 것입니다. 하나님께서는 우리를 벌주기 위해서가 아니라 우리를 사랑하셔서 더 좋은 길로 인도하시려고 징계하십니다. 우리는 징계를 통해 하나님의 마음과 뜻을 더욱 깊이 이해하게 되고, 그분과의 관계를 더욱 깊고 견고하게 만들어가게 됩니다.

성숙한 신앙인은 하나님의 징계를 피하거나 원망하지 않습니다. 오히려 징계를 통해 하나님과 더 깊은 관계를 맺기 위해 기꺼이 받아들입니다. 하나님이 징계로써 자신의 삶 속에서 이루시려는 더 크고 놀라운 목적이 있음을 알기 때문입니다.

비록 아프고 힘들더라도 그 징계의 결과는 우리의 영혼과 인격에 참된 유익과 축복을 가져옵니다. 하나님은 결코 우리에게 해로운 것을 주시는 분이 아닙니다. 우리에게 가장 좋은 것을 주시길 원하시며, 징계는 바로 우리에게 주시는 하나님의 선하고 완전한 사랑의 표현입니다.

이 진리를 기억하며 하나님의 징계를 받아들일 때, 그 징계는 우리에게 축복과 기쁨의 이유가 됩니다. 하나님께서 우리를 사랑하시기 때문에 징계하시는 것이고, 그것을 통해 우리를 더욱 온전하고 아름다운 모습으로 빚으신다는 것을 알기 때문입니다.

이제 우리는 하나님의 징계를 받을 때 더 이상 두려워하거나 거부하지 말고 기꺼이 받아들여야 합니다. 하나님께서는 징계를 통해 우리의 삶에 놀라운 성장을 이루실 것입니다. 징계는 우리의 신앙을 더 깊게 하고, 우리의 삶을 더 아름답고 풍성하게 만들 것입니다.

우리의 신앙생활은 하나님의 사랑 안에서만 가능합니다. 하나님께서는 우리를 사랑하셔서 우리를 그대로 두지 않으시고 때로는 엄하게, 때로는 부드럽게 우리를 징계하십니다. 우리는 하나님의 징계를 통해 더욱 성숙해지며, 하나님의 사랑을 더욱 깊이 체험하게 될 것입니다.

순종은 구원의 조건이 아니라
은혜에 대한 응답

하나님께서 우리에게 베푸신 구원은 철저히 하나님의 은혜로만 이루어집니다. 구원은 우리의 노력이나 행위로 얻어낸 것이 아니라 오직 그리스도의 완전한 사역으로 인해 값없이 주어진 선물입니다. 이 놀라운 은혜를 깨닫고 믿음으로 받아들인 사람이라면 그의 삶 속에 반드시 따라오는 변화가 있습니다. 바로 순종의 삶입니다.

많은 그리스도인이 구원과 순종의 관계를 오해해 혼란을 겪습니다. 어떤 이들은 하나님께 순종하지 않으면 구원을 잃어버릴 수도 있다는 두려움에 빠지기도 합니다. 그러나 성경은 구원이 우리의 순종으로 얻어지는 것이 아니라 오직 믿음과 은혜로 주어진다는 사실을 분명히 가르칩니다. 그렇다면 순종의 참된 의미는 무엇일까요?

순종은 우리가 구원받기 위해서 하는 어떤 노력이나 조건이
아닙니다. 순종은 하나님께서 우리에게 베푸신 놀라운 은혜와
사랑에 대한 자연스러운 반응이자 열매입니다. 하나님의 은혜
가 우리 마음에 진정으로 역사할 때, 우리는 기꺼이 하나님께
순종하고 싶어집니다. 순종은 구원의 조건이 아니라 이미 주어
진 구원의 은혜에 대한 참된 응답입니다.

구원을 받은 우리는 더 이상 순종을 부담스럽거나 두려운 의
무로 생각지 않습니다. 오히려 하나님께 순종하는 일이 우리에
게는 큰 기쁨과 만족이 됩니다. 우리가 하나님을 사랑하고 그
분의 은혜에 감사하기 때문에 하나님의 뜻대로 살아가는 것이
우리의 진정한 소망과 기쁨이 되는 것입니다.

예수님은 "너희가 나를 사랑하면 나의 계명을 지키리라"(요
한복음 14:15)라고 말씀하셨습니다. 예수님은 순종이 우리의 사
랑과 깊이 연결되어 있다고 강조하십니다. 순종은 사랑의 표현
입니다. 우리가 하나님을 사랑하면 사랑할수록 그분의 말씀에
더 충실히 순종하게 됩니다.

구원받은 사람은 더 이상 구원을 지키기 위해 강제로 순종할
필요가 없습니다. 구원은 이미 하나님의 은혜와 그리스도의 완
성된 사역 안에 확고히 자리 잡고 있기 때문입니다. 그런데 바
로 이 확실하고 놀라운 구원의 은혜가 우리를 하나님께 더욱더

자발적으로, 더욱더 기꺼이 순종하게 합니다.

　이처럼 순종은 강요된 의무가 아니라 우리의 자발적 선택이며 감사의 표현입니다. 우리가 순종하는 이유는 하나님이 이미 우리에게 주신 은혜와 사랑이 너무나 크고 놀랍기 때문입니다. 은혜를 진정으로 이해하고 경험한 사람은 그 은혜에 합당한 삶을 살기 위해 하나님께 순종하려는 열망이 자연스럽게 생겨납니다.

　사도 바울은 이러한 삶의 본질을 잘 설명하고 있습니다.

> 그러므로 형제들아 내가 하나님의 모든 자비하심으로 너희를 권하노니 너희 몸을 하나님이 기뻐하시는 거룩한 산 제물로 드리라 이는 너희가 드릴 영적 예배니라
>
> _로마서 12장 1절

　이것은 순종이 하나님께 드리는 우리의 진정한 예배이며, 우리 자신을 하나님께 온전히 헌신하는 삶의 방식임을 강조하는 말씀입니다.

　우리가 하나님의 은혜를 진정으로 깨달으면 순종은 우리의 삶에 더 이상 무거운 짐이 아니라 축복과 자유의 길이 됩니다. 우리의 순종은 하나님의 명령을 억지로 따르는 것이 아니라 하

나님의 은혜로 변화된 마음에서 흘러나오는 자연스러운 행동입니다. 순종은 우리의 신앙이 살아 있고 진정하다는 가장 강력한 증거이기도 합니다.

순종은 우리 삶에 실제적인 변화를 일으킵니다. 우리가 하나님의 말씀에 따라 살 때, 우리의 삶은 하나님께서 원하시는 아름답고 풍성한 모습으로 변화합니다. 순종은 우리의 영혼을 더욱 풍요롭게 만들며, 우리의 삶을 진정 의미 있고 가치 있게 합니다.

순종의 삶을 사는 그리스도인을 통해 세상은 역사하시는 하나님의 능력을 보게 됩니다. 세상 사람들은 우리 입술의 고백보다 순종하는 삶에서 더 큰 감동과 도전을 받습니다. 이것이 바로 우리가 순종의 삶을 통해 하나님께 영광 돌리는 가장 강력한 방법입니다.

순종의 길은 때로 어려울 수도 있습니다. 하나님께서 우리에게 요구하시는 순종은 우리의 이기심과 욕망을 내려놓게 하기 때문입니다. 그러나 우리가 하나님께 순종할 때 따라오는 기쁨과 평안은 세상이 결코 줄 수 없는 깊은 만족을 줍니다. 순종은 또한 우리 삶에 진정한 자유를 가져다줍니다. 많은 사람이 자유를 마음대로 행동하는 것으로 잘못 생각하지만, 진정한 자유는 하나님께 순종함으로써 얻어집니다.

순종은 우리의 신앙 공동체 안에서 서로를 격려하고 성장하게 하는 원동력이 되기도 합니다. 우리가 하나님께 충실히 순종하는 모습을 보면서 공동체 안의 다른 성도들도 더 열정적으로 순종의 삶을 살아가게 됩니다. 우리의 순종은 우리 자신뿐만 아니라 공동체 전체를 더욱 성숙시키는 힘이 있습니다.

결국 순종은 하나님께서 우리에게 주신 구원의 은혜에 대한 자연스러운 응답입니다. 우리가 순종하며 사는 이유는 구원을 얻기 위해서가 아니라 이미 구원받았기 때문입니다. 하나님께서 우리에게 주신 놀라운 은혜와 사랑을 깨달은 사람이라면 누구나 순종의 삶을 살게 됩니다.

이제 더 이상 순종을 무거운 짐이나 부담으로 여기지 말고, 오히려 은혜에 대한 감사의 표현으로 삼아야 합니다. 하나님께서 우리에게 베푸신 놀라운 은혜를 기억하고, 그 은혜를 삶으로 보여주는 순종의 길을 기꺼이 걸어가야 합니다.

성령의 역사는 체험보다
복음을 믿게 하는 것

오늘날 많은 교회 안에서 흔히 강조되는 것이 바로 '성령 체험'입니다. 강력한 감정적인 경험, 신비한 느낌, 때로는 놀라운 이적과 기사 같은 일들이 신앙의 참된 증거로 받아들여지곤 합니다. 그러나 성령께서 우리 안에 행하시는 일은 결코 체험이나 느낌에 국한되지 않습니다. 성령의 가장 중요한 사역은 바로 우리가 예수 그리스도의 복음을 믿고 그 진리를 깨닫게 하는 일입니다.

예수님께서 "그러하나 진리의 성령이 오시면 그가 너희를 모든 진리 가운데로 인도하시리니 (…) 그가 내 영광을 나타내리니 내 것을 가지고 너희에게 알리시겠음이라"(요한복음 16:13~14)라고 분명히 설명하셨습니다.

성령의 첫 번째 목적과 역할은 우리를 진리 가운데로 인도하시고, 그리스도의 영광과 복음을 나타내시는 것입니다. 성령께서는 우리로 하여금 복음이 믿어지게 하시고, 믿음 안에서 그리스도를 더욱 알아가게 하십니다.

그리스도인이 체험 중심의 신앙생활을 할 때 나타나는 문제는 신앙의 기초와 중심이 흔들릴 수 있다는 것입니다. 감정이나 체험이 사라지면 신앙마저 흔들리고, 진리를 분명히 깨닫지 못한 채 감정의 변화에 따라 믿음이 왔다 갔다 하는 불안정한 신앙생활을 하게 됩니다. 그러나 성경은 우리의 신앙이 감정이나 체험이 아니라 오직 복음의 진리와 그리스도의 말씀 위에 세워져야 함을 분명히 가르칩니다.

성령께서 우리에게 하시는 가장 중요한 사역은, 복음의 진리를 믿게 하시고 그 믿음 안에서 그 진리를 분명히 알게 하시는 것입니다. 우리가 예수님을 구주로 믿는 것은 결코 우리의 지적인 노력이나 감정적 결단의 결과가 아닙니다. 그것은 성령께서 우리의 마음을 열어주시고 우리의 영적 눈을 밝혀주셔서 일어나는 일입니다. 우리의 믿음과 구원의 확신은 전적으로 성령의 역사하심에 근거합니다.

성령께서 우리 안에 역사하실 때 뚜렷이 나타나는 현상 중 하나는 하나님의 말씀이 믿어진다는 것입니다. 성령은 언제나 하나님의 말씀과 함께 일하십니다. 성령의 역사는 말씀을 통해 진리를 깨닫게 하고, 그 말씀을 실제로 믿고 받아들일 수 있게 합니다. 성령의 조망하심이 없으면 성경도 단순한 문자나 지식에 불과합니다. 그러나 성령님께서 역사하시면 그 말씀이 우리의 마음에서 살아 움직이며 실제적인 믿음과 확신을 가져오게 됩니다.

"성령으로 아니하고는 누구든지 예수를 주시라 할 수 없느니라"(고린도전서 12:3)라는 말씀은 이 진리를 명확하게 표현해 줍니다. 예수 그리스도를 진정으로 믿고 그분을 주님으로 고백할 수 있는 것은 전적으로 성령님의 역사입니다. 성령님께서 우리 안에서 역사하시지 않으면 누구도 예수님을 진정한 구주로 믿고 고백할 수 없습니다.

성령님은 우리를 복음의 진리로 인도하시고, 그 진리를 우리 삶에 분명히 드러내시는 일을 합니다. 체험은 때때로 우리의 신앙을 격려하고 고무할 수는 있지만, 그것이 신앙의 기초가 될 수는 없습니다. 진정한 신앙의 기초는 오직 복음의 진리 말씀이며, 성령께서는 이 진리 위에 우리의 신앙을 세우시고 확고하게 하십니다.

우리의 감정이나 체험은 변하지만 복음의 진리는 결코 변치 않습니다. 예수 그리스도의 십자가와 부활의 복음은 영원한 진리이며, 성령께서는 이 변치 않는 진리를 우리 마음에 새기십니다. 성령께서 역사하실 때 우리의 믿음은 견고해지며, 감정이나 체험에 흔들리지 않고 하나님의 약속과 말씀에 기초해 살아갈 수 있습니다.

성령님은 우리의 신앙을 성숙하게 하시고, 우리가 복음을 깊이 이해하며 살아갈 수 있도록 인도하십니다. 성령의 역사는 우리에게 성경 말씀을 더 깊이 깨닫게 하고 말씀대로 살아가려는 마음을 가지게 합니다. 이 과정에서 우리는 감정적 체험보다 더 중요한 복음의 능력과 은혜를 경험합니다.

체험 중심 신앙의 또 다른 위험은 우리의 관심이 예수 그리스도보다는 체험 자체에 쏠리게 된다는 것입니다. 그러나 성령님의 역사는 언제나 우리의 관심을 그리스도께로 돌리게 하십니다. 성령님은 언제나 그리스도를 높이고, 우리에게 그리스도를 바라보게 하시며, 그분을 더 깊이 사랑하고 따르도록 이끄십니다.

성령께서 하시는 가장 중요한 일은 우리를 감정적 체험에서 벗어나게 하고 복음의 진리 위에 견고히 서게 하시는 것입니다. 우리의 신앙이 감정이나 경험에 좌우되지 않고 오직 그리스도의 말씀과 복음으로 견고해질 때, 우리는 결코 흔들리지 않는 믿음을 갖게 됩니다. 성령님은 바로 이 믿음을 우리 안에 심어주고 자라게 하십니다.

성령의 참된 역사는 우리의 삶에서 복음의 열매를 맺게 하는 것입니다. 사랑과 희락과 화평과 오래 참음과 자비와 양선과 충성과 온유와 절제와 같은 성령의 열매들은 감정적 체험에서 오는 것이 아니라, 복음을 믿고 받아들이는 마음에서 자연스럽게 나타나는 것입니다.

성령의 역사는 우리가 복음을 깊이 믿고 그 복음 안에서 살아가도록 이끕니다. 감정적 체험은 일시적이고 불안정하지만, 성령님이 우리 안에서 이루시는 복음의 역사는 영원히 지속되고 변함이 없습니다.

말씀 위에 세워질 때
흔들리지 않는 신앙

많은 사람이 신앙생활을 하면서 흔히 겪는 어려움 중 하나는 감정이 흔들릴 때 믿음도 함께 흔들린다는 것입니다. 때로는 열정적이고 뜨거운 신앙생활을 하다가도 어느 순간 감정이 식고 냉담해지면 신앙마저 흔들리고 무너질 위험에 처하곤 합니다. 그러나 성경은 우리의 신앙이 결코 감정에 기초해서는 안 되며, 오직 하나님의 말씀 위에 굳건히 세워져야 한다고 분명히 가르칩니다.

감정은 본질적으로 변덕스럽고 불안정합니다. 우리의 마음은 쉽게 바뀌고, 우리의 느낌은 상황과 환경에 따라 쉽게 달라질 수 있습니다. 그러나 하나님의 말씀은 결코 변치 않고 영원히 동일합니다. 그러므로 우리의 신앙생활을 하나님의 말씀 위에 세울 때 우리의 믿음은 환경과 감정의 변화에도 흔들림 없이 안정적으로 유지될 것입니다.

베드로 사도는 "모든 육체는 풀과 같고 그 모든 영광은 풀의 꽃과 같으니 풀은 마르고 꽃은 떨어지되 오직 주의 말씀은 세세토록 있도다"(베드로전서 1:24~25)라고 분명히 말합니다. 우리의 인생과 감정은 풀과 같이 덧없고 쉽게 변하지만, 하나님의 말씀은 영원히 변치 않고 우리를 지탱하며 인도하는 진리인 것입니다.

우리의 신앙이 감정과 느낌에 좌우될 때 우리는 자주 불안과 혼란을 겪습니다. 열정과 감정적 경험이 풍성할 때는 신앙이 굳건한 것 같지만, 그런 감정이 식어버리거나 어려운 상황이 닥치면 쉽게 낙심하고 흔들립니다. 반면 우리의 신앙이 하나님의 말씀 위에 단단히 세워져 있다면 감정과 환경에 따라 흔들리지 않고 믿음의 길을 담대히 걸어갈 수 있습니다.

성경에서 우리가 배우는 중요한 사실은 우리의 믿음이 결코 내적 상태나 감정에 의존해서는 안 된다는 점입니다. 믿음은 우리의 감정 상태와 무관하게 하나님의 말씀에 근거해 확고히 세워져야 합니다. 우리의 감정이 우리를 속일 때도 하나님의 말씀은 변함없이 진리로 남아 우리에게 참된 안정과 위로를 줍니다.

많은 그리스도인이 신앙생활에서 깊은 감정적 체험을 한 뒤 그 체험이 사라지면 하나님께 버림받은 것 같다는 착각에 빠집니다. 그러나 하나님의 사랑과 은혜는 우리의 감정적 상태에 따라 변하는 것이 아닙니다. 하나님께서는 언제나 동일하시며, 하나님의 약속과 말씀은 늘 신실하십니다. 우리가 말씀을 깊이 신뢰할 때 우리의 신앙은 더 이상 감정의 기복에 따라 흔들리지 않게 됩니다.

말씀 위에 신앙을 세운다는 것은 단지 지적인 이해만 갖추는 것을 의미하지 않습니다. 그것은 하나님의 말씀을 우리 삶의 실제 기준으로 삼고, 말씀을 통해 하나님의 뜻을 발견하며, 말씀대로 살아가기로 결단하는 것입니다. 우리의 삶이 말씀의 원리와 가치를 따라갈 때 우리는 참된 평안과 안정감을 누릴 수 있습니다.

우리의 신앙생활이 말씀 위에 세워지면 하나님께서 우리를 향해 품으신 뜻과 목적을 더욱 명확히 알게 됩니다. 말씀을 통해 하나님의 성품을 깊이 이해하고, 그분과 인격적이고 깊은 교제를 나누게 됩니다. 하나님의 말씀은 우리의 신앙을 더욱 깊고 풍성하게 하며, 우리가 하나님을 더욱 친밀히 알 수 있게 인도합니다.

우리의 신앙생활에서 감정은 분명히 중요한 요소지만, 결코 감정이 신앙을 지배하게 해서는 안 됩니다. 우리의 감정은 언제나 하나님의 말씀으로 평가되고 인도되어야 합니다. 감정이 우리의 삶을 이끄는 것이 아니라 하나님의 말씀이 우리의 감정과 마음을 이끌어야 합니다.

우리는 말씀을 통해 하나님께서 우리에게 주신 약속과 소망을 더 확실히 붙잡아야 합니다. 하나님의 말씀이 우리의 삶과 신앙의 견고한 토대가 될 때 우리의 믿음은 흔들리지 않고 더 깊고 견고해질 것입니다. 말씀 위에서 살아갈 때 우리는 어떤 환경과 어려움 앞에서도 두려움 없이 온전히 하나님을 신뢰할 수 있습니다.

다시,
복음으로 살아가기

　나는 오랫동안 복음을 믿는다고 생각했지만, 실상은 복음을 가장한 '다른 복음'을 붙들고 살았습니다. 당시 나는 행위와 열심, 감정적 체험을 구원의 조건이라 생각했고, 그런 잘못된 가르침에 깊이 빠져 있었습니다. 그렇게 지내고 있을 때 하나님께서는 내 삶에 놀라운 은혜로 찾아오셔서 내가 붙들고 있던 것이 복음이 아니라는 사실을 알게 하시고, 온전한 복음의 말씀을 믿게 해주셨습니다.

　내가 복음을 믿게 된 것은 전적으로 하나님의 은혜였습니다. 내 안에서 스스로 깨달은 것이 아니라 성령께서 내 마음의 눈을 열어주시고, 내가 죄인이라는 사실과 예수 그리스도의 십자가가 나의 유일한 소망이라는 진리를 믿을 수 있게 도와주셨습니다. 오직 하나님의 은혜로 말미암아 나는 복음을 믿게 되었고, 그 믿음으로 내 삶 전체가 근본적으로 변화되었습니다.

성경은 구원이 우리의 공로나 노력에서 나오는 것이 아니라 오직 하나님의 은혜로 주어진 선물임을 명확히 가르치고 있습니다.

> 너희는 그 은혜에 의하여 믿음으로 말미암아 구원을 받았으니 이것이 너희에게서 난 것이 아니요 하나님의 선물이라
>
> _ 에베소서 2장 8절

이 진리가 내 안에서 믿기는 순간, 나는 진정한 자유와 평안을 누리게 되었습니다.

이제 내가 붙들고 살아가는 삶의 중심은 오직 복음입니다. 복음은 처음 믿었을 때만 필요한 것이 아니라 내가 살아가는 모든 순간마다 붙들어야 하는 진리입니다. 구원받은 뒤에도 여전히 내 안에 죄와 연약함이 남아 있기에 나는 매일 복음의 능력과 하나님의 은혜에 의지해서 살아갈 수밖에 없습니다.

복음을 믿게 된 이후에도 나는 하나님의 은혜 없이는 단 하루도 살아갈 수 없는 존재임을 더욱 깊이 느끼고 있습니다. 내가 하나님을 사랑하고 그분을 따르고자 하는 마음과 능력 역시 나에게서 난 것이 아니라 전적으로 하나님께서 주신 은혜의 결

과임을 고백할 수밖에 없습니다.

신앙생활을 하면서도 나의 감정과 환경은 자주 변하고 흔들립니다. 그러나 내가 붙들고 있는 복음의 진리는 결코 흔들리지 않으며, 하나님의 말씀은 변함없이 내 삶을 지탱해줍니다. 나의 신앙이 감정이나 체험이 아니라 하나님의 말씀 위에 굳게 세워질 때, 내 믿음은 흔들리지 않고 견고해질 것입니다.

이렇게 복음의 능력과 하나님의 말씀을 붙들고 살아갈 때 성령께서는 내 안에서 지속적으로 역사하시며, 내 삶이 예수 그리스도를 더욱 닮아가도록 변화시키십니다. 성령의 참된 역사는 내가 감정적 체험만 추구하지 않고, 내 마음속 깊이 복음을 더욱 믿으며, 그 복음의 진리대로 살아가도록 이끄십니다.

하나님께서는 처음 믿음을 갖게 하신 이후에도 지속적으로 나를 복음의 진리 앞으로 이끄시고, 매일의 삶 속에서 복음의 능력을 경험하게 하십니다. 하나님의 은혜가 매일 매 순간 나에게 새롭게 부어지고, 복음의 능력이 내 삶에서 지속적으로 역사합니다.

내가 복음으로 살아간다는 것은 삶의 모든 문제와 한계를 복음 앞에 내려놓고, 나의 유일한 소망과 힘을 오직 예수 그리스도 안에서 찾는다는 뜻입니다. 나는 연약하고 부족할 때마다 다시 복음 앞으로 나아가며, 하나님께서 베푸시는 은혜를 붙들고 살아갑니다.

나는 이제 다시 복음으로 살아갑니다. 처음 구원받은 것도 하나님의 전적인 은혜였고, 구원받고 난 이후의 삶 또한 오직 하나님의 은혜와 복음의 능력으로만 가능합니다. 하나님의 말씀과 복음만이 내 삶의 유일한 기초이며, 그것이 내 삶의 가장 중요한 기준입니다.

다시, 복음으로 살아갑니다. 복음의 능력이 내 삶에 충만히 임하고, 하나님의 은혜가 날마다 나를 이끌어줍니다. 나는 매 순간 다시 복음을 붙들고 살며, 하나님의 변치 않는 말씀 위에 나의 삶과 신앙을 굳게 세워갑니다.

부록

〈한국교회 주요 교단 신사도운동 관련 이단 규정 내용〉

1. 변승우(사랑하는교회, 구 큰믿음교회)

고신

- 2008년(제58회) '주의'로 규정하며 불건전한 요소가 있다고 판단.
- 2009년(제59회) 참여 금지 결정.
- 구원관, 계시관, 신사도적 운동 추구, '다림줄' 등으로 대표되는 신학 및 교리 경시, 한국교회를 폄하하는 발언 등 지적.

통합

- 2009년(제94회) '비성경적 기독교 이단'으로 규정.
- 교회론, 계시론과 성령론, 구원론에서 비성경적 요소와 신비주의적 사역을 문제 삼음.

합동

- 2009년(제94회) 집회 참석 금지.
- 알미니안주의 혹은 신율법주의적 성향으로 판단.

백석

- 2009년(제94회) 제명 처리, 출교, 주의, 경계, 집회 참여 금지 결정.

- 계시관, 성경관, 구원관, 교회관에 문제가 있다고 봄.

합신

- 2009년(제94회) "이단성이 있어 참여 및 교류 금지" 결의.

- 구원론, 직통 계시, 기성 교회 비판을 문제로 삼음.

- 2022년(제107회) '이단'으로 최종 규정.

- 잘못된 신사도운동 추구, 잘못된 계시관, 자기 신격화(초월적 존재로 우상화), 칼빈주의 5대 교리를 '마귀의 교리'라고 주장한 점 등을 지적.

기성

- 2011년(제105회) 집회 참여 및 교류 금지.

- 성서 해석의 오류, 비성서적 요소를 들어 결정.

- 2019년(제113회) 기존의 교류 금지 결정 유지.

예성

- 2012년(제91회) '이단'으로 결정.

- 구원관 변질, 개인 체험에 의한 성경 해석, 급진적 신비주의 문제시.

기감

- 2014년(제31회) '예의주시' 대상으로 분류.

기하성 여의도

- '이단'으로 규정.

2. 빈야드(야드교회·토론토공항교회)

통합

- 1996년(제81회) 국내 '도입 금지' 결정.

- 성령론의 문제, 특이 현상(웃음, 쓰러짐 등)의 비성경성, 무질서한 예배 진행
  등을 지적.

고신

- 2007년(제57회) '불건전운동'으로 규정.

- 빈야드운동 및 피터 와그너 목사가 주도하는 신사도적 운동을 불건전운
  동으로 간주.

- 2011년(제61회) 앞선 결정을 재확인하며 계속 '불건전운동'으로 봄.

합동

- 1997년(제82회) 참여자 및 동조자 징계 결정.

- 성령론의 문제, 특이 현상의 비성경성, 무질서한 예배 형식을 문제 삼음.

기성

- 1998년(제92회) '사이비성'이 있다고 판단.

3. 신사도운동(피터 와그너)

고신

- 2009년(제59회) '불건전운동'으로 규정.

- 직통 계시, 은사중단론 거부 등을 문제 삼음.

- 2011년(제61회) '불건전운동'이라는 결정 재확인.

합신

- 2009년(제94회) '참여 및 교류 금지' 결의.

- 현시대에 사도와 선지자가 존재한다는 주장, 성경 외 계시 및 직통 계시 사상을 문제시.

기장

- 2014년(제99회) '도입·참여·교류 금지' 결정.

- 성서 해석의 오류, 복음 본질 왜곡, 사도의 지배권 주장 등을 지적.

기하성 여의도

- 2018년 '예의주시' 대상으로 분류.

- 이 시대 사도가 존재한다는 주장, 극단적 신비주의적 감성주의, 임파테이션(Impartation) 사역 등을 우려.

4. 김기동(귀신론, 베뢰아아카데미, 세계베뢰아교회연맹)

기침

- 1987년(제77회) 이단으로 규정.

- 신론, 기독론, 계시론, 창조론, 인간론, 사탄론에 대한 심각한 왜곡 지적.

고신

• 1991년(제41회) 이단으로 규정.

합동

• 1991년(제76회) 이단으로 규정.

통합

• 1992년(제77회) 이단으로 규정.

• 1994년(제80회) 이단 재확인.

‒ 교계 언론의 이단 시비 재연에 대한 대책 촉구.

기감

• 2014년(제31회) 예의주시 대상으로 분류.

통합

• 2012년(제97회) 미신적 신비주의운동으로 보고 도입 및 참여 금지 결의.

5. 김용두(주님의교회)

대신

• 2009년(제44회) 집회 참여 금지.

‒ 여러 가지 신학적 문제를 지적.

합신

• 2009년(제94회) 이단으로 규정.

- 우상화·신격화 위험성, 자의적 성경 해석, 신비주의적 체험 신봉, 영지주
  의적 신비 사상, 비성경적인 천국론과 지옥론, 성령의 주술화, 직통 계시
  추구, 김기동과 유사한 귀신론 등이 문제로 지적됨.

6. 아이합(IHOP, 마이크 비클)

고신

- 2011년(제61회) 불건전운동으로 규정.
- 신사도운동 및 예언운동과의 연관성 문제 제기.

7. 예태해(미국 엠마오선교교회)

합동

- 1994년(제79회) 이단성 혐의로 규정.
- 쓰러짐 현상과 주관적 신비체험 문제 지적.

기장

- 1996년(제81회) 단호한 대처 결의.

8. 이명범(레마복음선교회, 예일교회)

고신

- 1992년(제42회) 불건전단체로 규정.
- 삼위일체, 창조론, 인간관, 성경관, 극단적 신비주의 등 문제.

합신, 기성

- 동일하게 이단적 요소를 가진 불건전단체로 판단.

9. 인터콥(최바울)

통합

- 2011년(제96회) 예의주시 및 참여 자제 요청.
- '하나님의 사정', '백투예루살렘' 등의 문제, 베뢰아 및 신사도운동과의 관련성, 사과문 진정성 논란 제기.
- 2013년(제98회), 2015년(제100회), 2022년(제107회), 2023년(제108회) 회기에서도 기존 결의 유지.

합동

- 2013년(제98회) 교류 단절.
- 프리메이슨 음모론 수용, 극단적인 세대주의 종말론, 이원론적 이분법 문제 제기.
- 2019년(제104회), 2020년(제105회), 2022년(제107회)에도 결의 유지.

합신

- 2013년(제98회) 참여 및 교류 금지.
- 이원론적 사상, 비성경적 백투예루살렘, 왜곡된 종말론과 적그리스도론 등을 문제 삼음.
- 2022년(제107회) 이단으로 최종 규정.
- 베뢰아 및 신사도운동과의 연관성, 양태론, 선교지와의 충돌 등을 지적.

고신

- 2014년(제64회) 초청 금지.

- 교회론, 서적, 선교적·신학적 문제 등을 지적.
- 2015년(제65회), 2016년(제66회) 참여 금지.
- 2021년(제71회) 심각한 이단성을 가진 불건전단체로 규정.

기성

- 2021년(제115회) 경계 대상으로 규정.
- 반기독교적 행위로 교회 및 개인 신앙에 악영향.

기침

- 2021년 불건전단체로 규정하고 교류 및 참여 금지.

기하성

- 2021년 예의주시 및 참여 금지 결의.

10. 홍혜선

합동

- 2016년(제101회) 집회 참석 금지.
- 비성경적인 거짓 예언, 극단적 신비주의, 직통 계시 추종 문제 지적.

11. 차해경(저서 『회개』)

통합

- 2018년(제103회) 이단성 지적.
- 가계 저주론 사상 문제.
- 2024년(제109회) 해제 요청 수용 불가.

- 가계 저주론의 철회가 없이는 해제 불가.

12. 하마성경(정은수)

통합

- 2023년(제108회) 참여 자제 및 예의주시.
- 인본주의 성경 해석과 가계 저주론의 문제 지적.

다시, 복음으로 살아갑니다
이단에 미혹되지 않는 복음

발행일 2025년 5월 30일 초판 1쇄

지은이 손승우
발행인 고영래
발행처 (주)미래사

주소 서울시 마포구 토정로 195-1 정우빌딩 3층
전화 (02)773-5680
팩스 (02)773-5685
이메일 miraebooks@daum.net
등록 1995년 6월 17일(제2016-000084호)

ISBN 978-89-7087-163-9 (03230)
Copyright © 손승우, 2025